学生募集広報の戦略と実践

高校・予備校とのコミュニケーション

喜村仁詞／永野拓矢 編著

門馬甲兒／岡本崇宅／竹内正興 著

大学教育出版

は じ め に

　再び 18 歳人口の減少局面に向かう中、高等教育機関においては入学者数の確保のみならず入学者の質の確保の観点等からも、学生募集活動の重要性は今後ますます高まるものとなります。

　しかし、学生募集活動に携わっている方々には、学校法人に就職して"たまたま"大学の入試課等に配属された方も多く、毎日の業務の中で学生募集に関する知識の蓄積やスキルの研鑽（いわゆる OJT）を積まれておられると思います。

　近年では、大学職員向けの大学院の設置や、履修プログラムの提供、国立大学によるアドミッション担当教職員対象研修プログラム、またＭＢＡコースにおいて大学職員向けの科目が設置されるなど、学生募集に関する学びの機会が広がってきました。しかし、地域性や費用負担の点などから、まだまだ多くの方々が学習機会に恵まれない状況にあります。一方、書籍についても、大学経営、単独大学の広報事例の紹介、受験生とのコミュニケーションなどの視点から学生募集を捉えたものは刊行されてきましたが、受験生の大学選択に多大な影響を与える高校や予備校とのコミュニケーションを専門とした著作はこれまでほとんど見当たらない状況です。

　本書は、受験生の大学選択行動、高校や予備校における受験生サポートの現状、そしてこれらに対応する大学のコミュニケーション戦略について、理論・実践の両面から論述しており、受験生・高校・予備校の行動を明らかにした上で、大学がどのような学生募集活動を行うべきなのかについて、体系的に捉えるものとなっています。

　なお、執筆は国立大学のアドミッションセンター等入試関連部署での業務経験を重ねてきた 5 名の教員が担当しています。5 名の執筆者はそれぞれ、高校の進路指導部長、予備校での担任業務や高校とのコミュニケーション業務、受験産業での高校とのコミュニケーション業務、私立大学の入試課業務等など多

様な経歴を持っており、大学で学生募集活動業務を担当されている方々が日頃から感じられている課題に対して高校や予備校側の視点などから応える内容となっています。

　本書は以下の3部構成で学生募集について論じています。

　第1部では、「受験生・高校・予備校」の行動を理解します。受験生や受験生の大学選択に多大な影響を与える高校や予備校がどのような活動を行っているのかを考察します。

　第2部では、「高校・予備校」とのコミュニケーションのあり方を考えます。第1部で明らかにした高校および予備校の活動に対し、有効となる大学のコミュニケーション方法について、事例を交えながら考察します。

　第3部では、「大学の内部構成員」とのコミュニケーションのあり方を考えます。大学による高校・予備校とのコミュニケーションは、大学教職員や在学生により行われます。そのため、大学教職員や在学生が正確で肯定的な大学情報を以下に伝達するようになるのかが重要になるのであり、教職員や在学生の大学への満足度の向上について考察します。

　円滑な学生募集活動を行うためには、受験生や高校、予備校が持つニーズを充足することが必要となります。そのためには受験生や高校、予備校がどのような思考を持ち行動しているのかを知ることが重要です。しかし、これらは大学側にとっては最も見えにくいものといえるでしょう。本書の執筆者はこれまでの職歴における自身の経験やその後の研究成果を基盤に、これら課題について論じており、本書が大学等で入試広報業務に携わる方々のテキストとして活用されることを私たちは願っています。

2021（令和3年）年9月

喜村　仁詞（編著者）

※本書はJSPS基盤C（21K02661）の助成による研究成果の一部となります。

学生募集広報の戦略と実践

― 高校・予備校とのコミュニケーション ―

目　次

第2部　「高校・予備校」とのコミュニケーションを考える

第3章　大学ブランドの構築と管理 …………………………………… *64*

「受験生・高校・予備校」の
行動を理解する

　第1部では、大学のコミュニケーションの対象となる受験生、高校、予備校の大学進学に関する行動について考察します。高校や予備校がどのような進路指導体制やスケジュールに基づき、生徒への指導を行っているのか、またどのような情報を用いているのか理解することは、コミュニケーションを行う上で重要な視点となります。

　第1章では、受験生がどのような行動で大学を選択するのかについて、マーケティング理論である消費者行動理論から考察します。

　第2章では、高校が生徒に対しどのような指導を行っているのか、また高校の進路指導に多大な影響をもたらしている受験産業の役割について考察します。

　そして第3章では、大学進学の指導を専門とする予備校による受験生指導の実態について考察します。

第1章

受験生の大学選択行動

　受験生がどのように進学する大学を選択するのか、その行動を理解することは学生募集活動を行う上で重要な視点である。受験生が大学の情報を調べる時期や情報源、必要とする情報の種類などを把握し適切な時期に適切な内容を発信することや、受験生の大学選択への影響要因を把握し対応することは、受験生との大学の認知度の向上や理解の深化につながるコミュニケーションを可能とし、受験生の選択肢となる確率の向上に寄与するであろう。

　大学進学は多くの人にとっては一度限りであり、その後の進路に大きな影響を与える重要な選択である。そのため、さまざまな情報の収集や評価を行うなどの複雑な意思決定を経て入学する大学が選定されている。また学力水準や家庭環境、通学する高校などの自身を取り巻く社会環境も選択行動に多大な影響を与える要因となる。

　受験生が、さまざまな大学を調べ、その中から入学する大学を選び出す行動は、消費者の購買行動に類似している。消費者は商品の購入に際し、類似した機能を有するさまざまな商品群の中から自身が定める評価基準に基づき吟味し、購入する商品を選定しているのであり、このような購買行動には一定の行動様式が存在する。

　そこで本章では、消費者の購買行動を参考に、受験生の大学選択行動を検討する。はじめに消費者の購買における意思決定行動についての先行研究を概観する。そして、消費者の行動様式に沿って受験生の大学選択行動を明らかにしていく。

1. 消費者の購買における意思決定行動に関する先行研究

　はじめに、消費者の購買における意思決定行動について、先行研究を概観する。

　消費者の購買行動は研究者の間で多少の差異は見られるものの、概ね、図1-1の段階を経て行われるとされる（Blackwell・Miniard・Engel, 2006；Peter・Olson, 2009 etc.)。

　①ニーズが認知されると（ニーズ認識）、②該当する商品の情報を探索し（情報探索）、③選定した候補となる商品群の評価を行い（代替案評価）、④商品を購入する（購買）。そして、⑤購入した商品を使用する（消費）。消費後には、⑥使用後の評価を行い（購買後の評価）、満足か不満足の評価を行うことで次回の購買のための判断材料とする。また、この評価はクチコミ情報として発信され他者の購買行動の情報として使用される。

　これらの消費行動の段階ごとに、商品に関する情報（刺激）や消費者が置

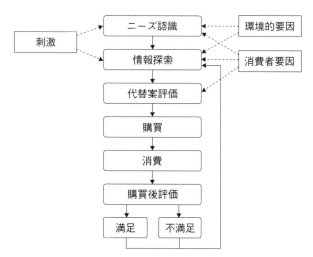

図1-1　消費者の意思決定行動
出所：Blackwell・Miniard・Engel（2006）を参考に筆者作成

かれた環境や個人的要因などの影響を受けながら意思決定を進めていくのである。

それでは、以下に段階ごとの特徴を概観する。

（1） ニーズ認識の段階

ニーズ認識とは、現実と欲求との間の不一致により生み出される。不一致が一定の段階に到達した時や超過した時にニーズが認識される。例えば、「自動車に乗りたい」と考えると「自動車を手に入れたい」という欲求が起こる。そして、その欲求がある一定水準に到達すると自動車を手に入れることをニーズとして認識するのである。

ニーズを達成しようとするために行われるのが動機付けであり、さまざまな動機が存在する。例えば、自動車を手に入れたいというニーズには、家族全員でドライブしたい、仕事にどうしても必要だ、人から格好良くみられたいなどさまざまな動機が存在するのであり、動機ごとに必要とする機能などが異なるため、購入したい自動車のタイプも異なる。例えば、家族でドライブしたいという動機の場合はミニバンなど多くの人がゆったりと乗れる車、仕事への使用を動機とする場合は経済性の高いハイブリッド車など、また格好良さを求める場合はスポーツカーを手に入れたいなどと思うであろう。

また、この動機を高めるメカニズムが「関与」である。強い思い入れやこだわりを持つ場合、関与水準は高くなり、積極的な情報収集を行うようになる。高額品を購入する場合や、販売価格が店舗ごとにバラツキがある場合、大事な人にプレゼントを贈る場合などは、関与水準が高くなるため、積極的に情報収集を行い、意思決定に時間をかけるようになる。一方、低価格のモノや日用品など、あまりこだわりや思い入れのない場合は、関与水準は低く情報収集は限定的で意思決定はあまり労力をかけずに行われる。

（2） 情報探索の段階

ニーズが認識され動機づけが行われると、次に消費者はニーズを充足するための情報を探索するようになる。

　情報探索には、自己の記憶にある情報を探索する「内部探索」と、外部の情報を探索する「外部探索」の段階がある（Peter・Olson，2009 etc.）。最初に行われるのが内部探索であり、消費者が自分の過去の経験などに基づいて形成している知識（事前知識）を検索する。そして、この事前知識だけでは判断がつかない場合には、外部探索を行うのである。

　外部探索とは、仲間、家族、市場などからの情報を集める作業であり、情報源は企業発信の情報と、それ以外の情報とに分けられる（Blackwell et al. 2001）。企業発信の情報とは、広告や WEB、販促物、販売担当者などから発信されるものである。これら情報は企業が管理の上で意図的に発信する情報であり、企業はしっかりとした広報プランを持つことで、企業イメージを高めることが可能となる。

　一方、それ以外の情報とは、友人・家族・オピニオンリーダー・メディア・評価機関のレポートなどであり、クチコミや製品レポートが代表的なものである。これらの情報は企業が直接的に管理できない情報であり、消費者は企業発信の情報よりも、これらの情報を信用する傾向があるため、企業はこのような情報がポジティブなものになるよう取り組むことが重要となる。

（3）　代替案評価の段階
1）　代替案評価の流れ
　さまざまな情報を収集した消費者は、それぞれの商品を評価し、購入する商品を決定する。商品の購入にあたり何が最も重要なのかを考え、さまざまな製品やブランドの比較を行うことで購入すべき商品を絞り込み、最終的にその中の1つを購入する候補とするのである。

　図1-2 はブランド・カテゴライゼーションモデルと呼ばれる購入までの選択行動の流れを示したものである。「入手可能集合」とはすべての商品群である。情報検索を行うことで、入手可能集合の中からブランド名を認識した商品群である「認知集合」に絞り込みが行われる。また、その中で興味を持った商品群を「考慮集合」として選定する。そして考慮集合から実際に購入候補となる「選択集合」に絞り込み、最終的に1つのブランドを購入する。なお、考慮

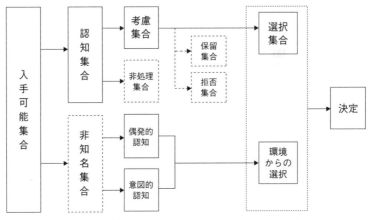

図 1-2　ブランド・カテゴライゼーションモデル
出所：田中洋（2008）を参考に筆者作成

集合は8個程度まで、選択集合は2〜3個程度とされる。

　また、入手可能集合の段階で非認知になった集合群からも選択集合に選択される
ことがある。例えば、スーパーマーケットの特売コーナーでたまたま見つ
けた商品など売り場で偶発的に見つけることや、選択した商品が売り切れてい
たために購入できず、新たに選択行動をやり直すことが該当する。

　2）　代替案評価の2つのルート

　Petty・Cacioppo（1981）は、代替案の選択を中心的（認知的）処理および
周辺的（感情的）処理の2つのルートで行われる「精緻化見込みモデル」と述
べ、図1-3の通り示している。

　中心的（認知的）ルートとは、動機や能力が精緻化される場合の意思決定ルー
トであり、情報検索により得た情報をしっかりと分析・評価することで態度が
決定される（意思決定）。一方、動機が精緻化できない場合や精緻化する能力
がない場合は、その場の感情や情動（一目ぼれ）・ムードなどで態度が決定さ
れるのであり、周辺的（感情的）ルートと呼ばれる。

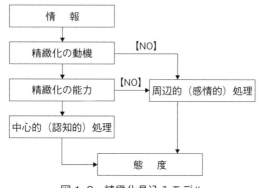

図1-3　精緻化見込みモデル
出所：清水聡（1999）より引用

3）代替案評価の方法

　消費者は購買するための情報を入手すると、自身の考える評価基準を適用して評価を行う。評価基準はさまざまであり、①ポジティブな基準、②ネガティブな基準、③ベネフィットの種類、④リスク回避などの基準が挙げられる（Peter・Olson, 2009）。

　また、選択肢の決定規則の1つに補償型規則と非補償型規則がある。補償型規則とは、複数の評価項目を設定して総合点の高いものを選択する方法であり、設定した評価項目すべてを評価するため、評価には時間や労力を要するものとなる。一方、非補償型規則とは、一定のルール（ある項目が満たされないものは対象外にするなど）に基づき評価する方法であり、評価にかかる時間や労力を低減するために用いられる評価方法である。なお、最初は非補償型規則を用いてざっくりと絞り込み、少数になった選択肢を補償型規則でじっくりと評価する双方を組み合わせた段階別方略も用いられている。

（4）購買の段階

　代替案評価の段階で購入を決定した商品が、必ずしも実際に購入されるとは限らない。好きなブランドなど選定した商品への思い入れが強い場合は意思決定通りの購買が行われるが、思い入れが低い場合は店内でより良い商品を見

つけたなどの理由で購買する商品を変更する場合がある。スーパーの特売コーナーで、機能が類似した異なるブランドの特売品を見つけたために、当初予定していたブランドから変更することや、夕食の材料を生鮮品で良いものがあったために当初とは異なるものに変更したなどが一例である。

　また、購入するつもりであったが、売り切れであった、または思ったよりも価格が高かったために購入を断念するケースもある。この場合は、再び情報検索や代替案評価が行われることになる。

　なお、当初はまったく計画になかったが、思わずその場で購買を行う非計画購買（衝動買い）という行動も行われる。特売品や実演販売につられて思わず買ってしまったなどの経験は多くの人が持っているであろう。

（5）消費・購買後の評価の段階

　商品を購入すると、消費者はその商品を消費し評価を行う。評価は「満足」「不満足」で示され、購入前の期待を超えた場合は満足するが、期待よりも低い場合は不満に陥る（清水，1999）。そして、その評価は、次回の購買のための内部探索情報として使用される。また、クチコミ情報として発信することで他者の外部探索情報として利用されるようになる。

　なお、不満に陥った場合は、次回の購買時に選択されないだけでなく、売り手に文句を言う行動や、他人に不満を伝播するという行動を起こす。不満をいかに少なくするかが、購買後の評価の管理の重要な視点となるであろう。

　また、購入した商品が不満だが、高額品や希少品のために買い替えが難しいなどの理由から仕方なく使用を継続しなければいけない状況が生じることもある。このような不満の現状と本来の希望との間に不一致が起きることを認知的不協和と呼ぶ（Festinger，1957）。認知的不協和が起きた場合、消費者は、①購入した商品の良いところを探す、②他の候補の商品の悪いところを探す、などの行動をとることで現状の正当化を試み、自分自身を納得させようする。例えば、本当はスポーツカーが欲しかったが、家族で利用するなどの目的を優先しミニバンを購入した場合、「スポーツカーは燃費が悪い」「ミニバンの方が家族全員で乗れて便利」などの理由を挙げ、ミニバンの購入が正しかったと自

分を納得させようとするのである。

2.　受験生の大学選択行動

　前節で考察した消費者の意思決定行動に基づき、受験生の大学選択行動についての考察を行いたい。消費者の意思決定行動に基づくと、受験生は図1-4の通り、

① 　大学進学ニーズを認識する段階
② 　大学情報の探索を行う段階
③ 　大学の評価を行う段階（2段階）
④ 　受験・入学する段階
⑤ 　入学後に大学を評価する段階

という段階を経て入学する大学を決定する。なお、大部分の受験生は大学に入学すると大学選択行動を終了し、その大学での学生生活を送る。そのため、自身が経験した大学選択に関する知識が再び使用されることはなく、クチコミ等で発信することで次年度以降の受験生が活用する。この点が日用品などの購

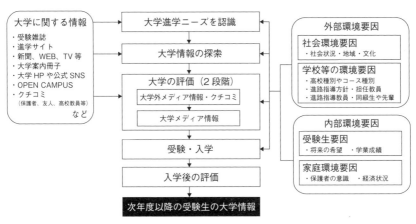

図1-4　受験生の大学選択行動
出所：筆者作成

買行動との大きな相違点であり、大学選択行動の特徴である。

　また、情報検索によって得た大学に関する情報や、外部環境的要因となる地域など社会環境や学校等の環境、内部環境となる受験生自身の希望する進路や学力水準、家庭環境などが、受験生の大学選択行動にさまざまな影響を与える。

　図1-5は、図1-2のブランド・カテゴライゼーションモデルを用いて、受験生が大学情報を探索する段階から受験校決定までの大学の絞り込みの流れを示したものである。

　受験生は、内部情報や外部情報の探索を行うことで、すべての大学の中から「知っている大学」を選定する。次に、知っている大学の中から興味を持った大学を抽出する。そして興味を持った大学群をより詳細に調べることで志望校を決定し受験し、合格した大学から自身の志望順位に従って入学する大学を決定する。

　なお、高校の先生からこれまで知らなかった大学を薦められ、新たに候補の大学とすることや、模擬試験や大学入学共通テストの結果により志望校を変更する必要が生じた場合は、新たな大学を探すことが必要となる。このような場

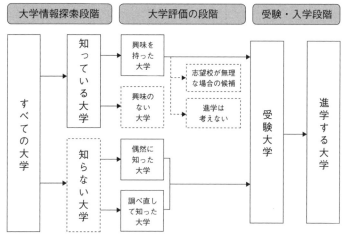

図1-5　大学選択におけるブランド・カテゴライゼーションモデル
出所：筆者作成

合は「知らない大学」群からも情報検索や選択が行われるのである。

（1）　大学進学ニーズ認識の段階

1）　進学動機の種別

大学進学ニーズを達成する動機（大学への志望動機）ついては、概ね5分類することができる（渕上，1984；古市，1993；上市ら，2001など）。

① 学歴志向型

　このタイプは、大学進学を社会的地位や一流企業への就職などを得るための手段と考え、偏差値の高い有名大学であれば学問系統にはこだわらないとするタイプである。希望する大学であれば学問系統を問わずさまざまな学部（例えば文系であれば、法学部や経済学部、経営学部など）を受験する。学歴志向型は、有名大学・偏差値上位大学という要因を最重視することから、「○○大学であれば学部は問わない」などの選択が行われるため、大学の教育内容についての知識はあまり必要とせず、自分の学力水準の中で最も高い偏差値の大学や有名な大学を選択する。また、有名大学や高偏差値などが評価基準となることから、イメージを重視した感情的な意思決定を行うタイプである。

② 学び志向型

　専門的知識や教養、資格などを得るために、学問系統や教育内容を重視するタイプである。学びたい専門分野をしっかりと決めている受験生や、医師や教員など専門職に就きたいと考えて大学を選択する受験生などが該当する。学び志向型は、勉学や専門性への志向が高く大学の教育内容についての情報収集を活発に行い、充分に調べた上で最善の選択と満足の最大化を求めることから、分析的に意思決定を行うタイプである。

③ 享楽志向型

　学業よりもクラブやサークル活動、友人関係などの学生生活を楽しみたいとするタイプである。人間関係等の楽しみを求めて大学を選択することから、大学の雰囲気を重視し感情的な意思決定を行うタイプである。大学の教育内容についての知識を求めるよりも、大学の雰囲気や施設・設備、在学生

の様子などから、自分に合うかという観点から最善の選択を行うのである。

④ 無目的型

　家族から勧められたためなど、なんとなく進学したいというタイプである。自分から進んで大学を探すような積極性を持たない動機のため、自ら大学進学に夢や希望を持ってそれを叶えることのできる大学を探索する努力を行うのではなく、親や高校教員に勧められたからなど、あまり進学先決定の努力を行わずに選択を行うタイプである。

⑤ モラトリアム型

　まだ社会に出たくないなどを理由に進学するとタイプである。無目的型と同様に自分から進んで大学を探すような積極性を持たない動機のため、親や高校教員に勧められた大学に進学するなど、あまり進学先決定の努力を行わずに選択するタイプである。

　これら進学動機は「学歴志向型」「学び指向型」のように大学本来の特性を志向する群と、「享楽指向型」「無目的型」「モラトリアム型」といった周辺的な要因を志向する群に分類することができる。自大学の学生がどのようなタイプが多いのかの把握や、どのようなタイプの学生を入学させたいのかを検討することで、発信すべき情報の選定が可能となるであろう。

（2） 大学情報探索の段階

　大学への進学ニーズを知覚した受験生は、大学に関する情報探索を行う。しかし受験生は大学に関する経験がほとんどないことから内部探索できる情報は少なく、おのずと外部探索が中心となる。

　外部探索については、大学の広報担当者が管理する情報と管理できない情報に分けられる。大学広報担当者が管理できる情報とは、大学が直接発信する情報である大学案内や大学 HP、公式 SNS などの大学メディア情報と、大学が受験産業やメディア等を利用して間接的に発信する情報である受験雑誌や受験サイト、新聞、CM、WEB、電車広告、看板などの大学外メディア情報が挙げられる。

　これら媒体から発信される情報は、大学の広報等部署により企画され、大学が発信したいと考える情報のみが発信されたものであり、特定のイメージ作りを行うなどブランド構築に使用されている。なお、受験生や高校教員、保護者等は一度見ただけではその情報があまり記憶に残らないため、何度も同じ情報を発信し記憶の定着を図ることが有効である。大学内では複数年度にわたり同じ情報を発信し続けることに"飽き"を感じ、短い期間で発信する情報を変更すべきという意見もあるが、受験生は毎年入れ替わることが特徴であるため、大学のブランド構築の核となる情報は、複数年をかけて何度でも繰り返し発信することが効果的である。

　一方、大学の広報担当者が管理できない情報には、クチコミ情報や評価機関やマスコミ、受験産業等によるランキング情報がある。クチコミ情報は対面での伝達のみならず、SNSやクチコミサイトなどのさまざまな場面で行われる。大学発信による情報が大学側によりコントロールされた"表面的な"情報と受け取られることもあり、在学生や卒業生の意見が大学の実情を知る手がかりとして、また高校や予備校による客観的な評価としてクチコミ情報が重用される傾向がある。なお、評価機関等によるランキングは、各大学からのデータ収集

表 1-1　外部探索情報の種類

大学が管理できる情報（例）	大学が管理できない情報（例）
大学メディア 　（直接的な情報発信） ・大学案内パンフレット ・大学 HP ・大学公式 SNS ・オープンキャンパス	クチコミ情報 ・自大学の関係者 　（学生・卒業生・教職員） ・高校 ・自大学関係者の家族・友人 ・塾・予備校 ・地域社会
大学外メディア 　（間接的な情報発信） ・受験雑誌 ・進学サイト ・新聞・TV・看板等	評価機関等による評価 ・ランキングなど

に基づくものであり、大学生の教育成果等を示す指標となる。受験産業やマスコミからランキングに使用するためのデータ提供依頼やアンケート調査が多く大学に寄せられるが、回答を行わない場合は当該のランキングの対象外となる。したがって、特長的な成果をあげている場合は、積極的に回答することも重要な広報活動となるであろう。

　また、楠見ら（2008）は、受験生の進学動機とクチコミ情報の関係性を明らかにしている。社会的地位など学歴志向型を進学動機とする者は「世間の評判」や「合格可能性」についてのクチコミ情報を重視する。当該大学への入学が目的となるため、教育内容よりも入試方式や偏差値など合格の可能性に視点が置かれる。そのため、志望大学の先輩によるクチコミ情報は、受験勉強の成功者の体験談として捉えられているのである。

　一方、学び志向型や享楽志向型はさまざまな情報を積極的にクチコミ情報から得ようとしている。これらタイプの受験生にとっての関心事は、入学後の教育内容や学生生活の楽しさであるために、体験談は、おのずと入学後の内容が重視されると考えられる。しかし、学び志向型の中でも資格取得を目的とする者はあまりクチコミ情報を活用しない傾向があるとも述べる。それよりも資格取得率などの公表された情報への信頼度が高いためである。

（3）　受験校の絞り込みの段階

　リクルート（2009）の調査によると、受験生は多くの大学の中から平均6.5校に資料請求を行い、その中から約半数の3大学を受験する。すなわち、受験生は2段階で大学評価を行っているのであり、最初の資料請求校の選定段階で99％以上の大学が選択肢から除外されることになる。

　図1-6は、受験生が外部探索で得た情報と評価段階の関係性を示したものである。資料請求校を決定する段階で多く使用されているのが、受験雑誌や受験サイトなど大学外メディアと高校教員等によるクチコミ情報である。一方、受験校を決定する段階においては、大学メディアである大学案内や大学HPが活用される。

　大学に関する情報を充分に認識していない資料請求段階では、受験雑誌やW

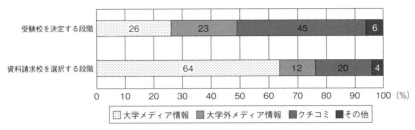

図1-6　大学選択段階における外部探索情報の使用状況
出所：フロムページ（2019）から抜粋し加工

EB等のさまざまな大学の情報が掲載されているメディアを使用することで、複数の候補とする大学をピックアップする。また、信頼性が高いと考えるクチコミ情報を重視することで、大量な情報量の中から候補とする大学を適切に選定しているのである。

　受験雑誌や進学サイトは、さまざまな大学情報をコンパクトに掲載するため、1大学あたりの情報は限定されたものとなる。すなわち、この段階の絞り込みは限定された情報で行われているのであり、各大学は自学の特長を打ち出し、他大学との差別化を図る必要がある。受験生がすべての大学の情報を評価するためには膨大な情報を処理することが必要とすることから、このような限定された情報の中から、各自が専門分野や難易度、地域などの一定の選択基準（この項目が満たされないものは対象外になるなど）に基づき評価を行っているのである。また、クチコミ情報として受験生に影響を与える高校教員や保護者などがどのような情報を信頼しているのかを把握することも重要となる。

　そして、受験校を決定する段階では資料請求を行った候補とする大学を、大学メディアである大学案内や大学HPを用いて詳細に調べていく。この段階は6.5校程度から3校程度への絞り込みとされ、評価対象の大学数が少ないことから入念な分析や比較が行われる。そこで重視されるのが、大学が発信する情報である。大学案内や大学HPなどには詳細な情報が掲載されており、これら情報を充分に吟味して選定が行われる。オープンキャンパスの機会などを利用して実際に大学に赴き学生や教職員などの雰囲気を知ることなど、大学案内等で入手できる文字情報以外の大学の詳細な情報を入手することも重要な情報に

なるのである。

　なお、進学動機と使用メディアの関連性について、大学進学動機において学歴志向型には、塾や予備校・大学が発信する情報や受験雑誌が有用であり、学び志向型には、大学が発信する情報や書籍・専門誌が有用である。また、学び志向型は、大学が発信する情報や大学関係者のクチコミに前向きの姿勢を示すことなどが先行研究では示されている。（八木ら，2000 など）。このように、学歴志向型は「塾や予備校の出す情報」など偏差値による大学のポジションを知るための資料を重要視し、学び志向型は「大学の発行する資料」「大学関係者の話」を重視することで深く大学を知るという探索方法を中心に大学の選定を行うのである。

（4）　受験・入学の段階

　大学選択行動の大きな特徴となるのが、受験という関門があるために必ずしも希望する大学に進学できる訳ではないということである。第1希望が不合格になった場合、「合格した大学群の中から入学する大学を選ぶ」や「次年度に再挑戦する」などの行動を選択することになる。また、受験校すべてが不合格となった場合は、「もう一度情報検索や代替案評価の段階に戻って、これから受験できる大学を選定する」ことや「次年度に再挑戦する」などの行動を選択する。

　これらの行動に影響を与えるのが志望動機である。志望校の受験に失敗した場合、「学歴志向型」「学び志向型」の学生は、明確な判断基準があるために「次年度に再挑戦」という選択も視野に入れ再検討を行う。一方、他の動機の受験生は「次年度に再挑戦」は考えずに、まだ受験可能な大学を探すなど新たに大学の情報探索や評価を早急に行うことになる。

（5）　入学後の評価の段階

　学生は、購入した商品を使用した際に商品の感想を持つのと同様に、入学した大学に対して教育内容や学生生活の評価を行う。この評価は、商品を消費した際と同様に大学生活への評価が満足・不満足で示される。しかし、消費者の

意思決定行動における購買後の評価が、主に自身の次回の購買のために使用されるのに対し、大学進学においては大学に入学した者はほとんどが「一度限りの選択」であり、自身が再利用することがなく、次年度以降の受験生に利用される。前述の通り、不満足は満足の2倍の量が発信されることから、学生の不満を低減させ、満足度を高める取り組みが学内で必要となる。

　この「一度限りの選択」が日用品などの購入との大きな違いであり、大学選択行動の大きな特徴である。すなわち、"継続的な顧客"が存在せず、常に新しい"顧客"を対象とした学生募集活動が行われるのである。対象となる受験生（顧客）が毎年入れ替わることから、大学が毎年同じ内容の情報を発信しても、新たに情報探索を行った受験生にとっては初めて知る情報である。また、同じ情報を発信し続けることで、大学の軸となるイメージが次第に形成されブランド構築へとつながるのである。

1）　入学した大学への評価

　学生は、入学後の大学評価において不満を感じた場合、退学を検討することやネガティブなクチコミ情報を発信するといった行動を起こす（Kotler・Fox, 1985）。一方で、他の大学に移ることが難しい場合は、自分を納得させるために、大学の良い点を探すことや、進学先の候補としていた他大学に関する不満点を探し出すことで、自分の置かれた環境に納得し不満を低減するための行動をとる。

　楠見（2000）は、大学選択における後悔と失望の時間的変化の調査を行っている。それによると、大学への後悔と失望は1年生の夏休みから1年生の後半にピークを迎えるが、2年生になると急速に低下する。夏休みに帰省するなどの機会を通じて他大学に進学した同級生と情報交換を行うことで、他の大学の良い点を見聞きし自大学に不満を覚えるが、1年経つと自大学での友人関係など学生生活が安定してくることや、大学への不満を低減する行動をとるためである。このように、1年生の期間に、自校教育などにより大学への理解を深めることや、友人関係の構築の援助を行うことなどが、学生の不満の低減につながるであろう。

2） 不本意な進学先への不満・後悔

　進学者の不満足については、入学後の学生生活への不満の他に、第1志望校に入学できなかった、いわゆる不本意入学への後悔や不満について、多くの研究が行われている。上市ら（2003）は、進学した大学への後悔について、浪人した後悔よりも（第1志望を受験しないで）第2志望校に進学した場合の後悔の方が大きいこと、浪人した後悔は合理化しやすいが第2志望に進学した場合の後悔は合理化しにくいことを明らかにした。また齋藤ら（2003）は、大学進学先選択時の進学理由や考慮した条件についての入学後の評価を第1志望への進学者と第1志望以外への進学の間での比較を行い、いずれも第1志望の進学者の満足度がそれ以外の進学者の満足度を上回ることを明らかにした。

　これらの研究結果は、実際の大学の動きからも見て取れる。難関国立大学が一般入試の後期日程を廃止する理由として、前期日程で第1志望校に不合格になったために、後期日程では「第2志望」校を受験し入学した学生は、学力は高いが勉強する意欲を持てず休学や退学するケースが多くみられるが、一方、第1志望者の方が入学後の満足度が高く大学生活への取り組みが熱心であるとしている。

3．入学者による大学評価の活用

（1） 高校教員が重視する在学生のクチコミ情報

　また、受験生のみならず、高校教員は在学生の大学に関するクチコミ情報を重要視している。高校教員が大学を評価する際の指標として重視するのが、自校卒業生による大学評価である。大学の教育内容は可視化が難しいため、学力や性格などを把握している自校卒業生が当該大学でどのような学生生活を送っているのかを知ることで、大学の内容や自高校の生徒にその大学が適合するのかなどの評価を行っているのである。

　この状況は受験産業の調査においても示されている。JSコーポレーション（2010）によると、大学が高校に訪問し説明を行う際に印象が良かった特徴として、約65％の高校教員が「自校出身者の現況を知らせてくれる」を挙げる。

そして、生徒に安心して勧められる大学の特徴として約60％の高校教員が「学生の面倒をよくみてくれる」を挙げる。またリクルート（2009）によると、約57％の高校が卒業生との懇談会や卒業生による在校生対象の大学生活説明会を実施しており、約14％の高校が卒業生の大学卒業後の進路状況の追跡調査を実施している。

（2）　受験生に影響を与える高校教員のクチコミ情報

リクルートマーケティングパートナーズ（2017）によると、高校生が進路を考える上で相談する相手は、「母親」が82％、2位が「父親」および「友人」で42％、4位が「高校担任教員」で32％と続く。そして、進路選択を行う際に「保護者の意見を少し参考にしながら、自分自身で決めたい」と考える高校生は54％を占める。

また、リクルートマーケティングパートナーズ（2017）によると、保護者が進学に関する情報の入手先として挙げる1位が「高校で配布されて子どもが持ち帰った資料（42％）」および「高校の担任の先生（42％）」であり、高校が重要な情報収集の場となっている様子がうかがえる。大学の受験経験を持つ保護者は、初めに自らが持つ過去の情報を探索することで態度を決定するが、大学受験の経験を持たない場合や子どもが希望する学問分野や大学の情報を持っていない場合などは外部への情報探索が中心となるのであり、大学進学の専門家である高校教員の意見を重視するのである。

これらから、高校内における大学情報の受験生へのクチコミ情報は図1-7のとおり伝達される。受験生は、前述のとおり保護者および高校教員の意見を

図1-7　高校内における大学情報の伝達ルート

重視している。一方、保護者は高校教員の情報を重視している。すなわち、高校教員が受験生の大学選択に直接的・間接的に多大な影響を与えているのである。一方、高校教員は自校卒業生の意見を参考に大学を評価している。したがって、大学は、自学の在学生に注目し、彼らの大学への満足度の向上を図ることが、高校内での肯定的な大学情報を発信につながるのである。

　なお、高校生が大学選択を行う際に重視する項目として、偏差値や校風、専門分野（カリキュラム内容）などが上位項目に挙げられる（リクルートマーケティングパートナーズ，2019）。偏差値は定量的指標であり、受験生は受験産業が示す偏差値を参考に、自身に学力に適合する大学を進学候補として絞り込むことができる。しかし、校風や専門分野（カリキュラム内容）などは、実際に入学してみないと把握が困難な指標である。そのため、大学進学への専門的知識を有する高校教員の大学評価が活用されるのである。特に遠隔の大学については、当該大学の校風や専門分野（カリキュラム内容）に関する情報を有する者が周囲に存在しないことも多く、高校教員の大学評価がより重視されることになる。

（3）　クチコミ情報の活用段階

　図1-8は、高校教員および保護者が受験生の大学選択行動のどの段階に影響を及ぼしているのかを示したものである。

　4年制大学・短期大学・専門学校など高等教育機関の校種を選定する時点に影響を与えているのが保護者である。そして、資料請求する大学を選定する段階や受験校を決定する段階は、高校教員の影響が大きい。これは大学進学の専門家としての意見が重視されているためであろう。しかし、入学校を決定する段階では学費や生活費の支弁者である保護者の意見が重視されるようになる。「自宅通学しか許可しない」や「私学は学費が高額すぎる」などの保護者の意見に従って進学する大学を決定した経験を持つ大学生も多いであろう。

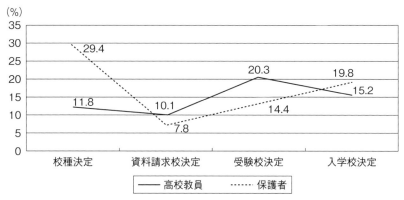

図1-8　受験生の大学選択行動への保護者や高校教員の関与

出所：リクルート（2011）を参考に作成

4. 大学選択意思決定行動への影響要因

　大学選択意思決定行動の各段階に影響を与えるのが、社会環境や学校など外部環境要因および自身の状況や家庭環境などの内部環境要因である。

（1）外部環境要因

　外部環境要因は主に社会環境要因と学校等の環境要因から構成されている。社会環境とは、社会状況や地域性、文化的要因である。

　例えば、不景気の状況下では、就職難から資格取得傾向が上昇することや、家庭の経済環境が厳しさから浪人をせずに確実に入学できる大学を選定する、余分な生活費がかからない自宅から通学できる大学に進学するなどの意思決定が行われる。大学入試センター試験が大学共通テストに変更される前年度に現役志向が高まり、私学の定員厳格化と相まって超安全志向と呼ばれる状況になったことも一例である。

　また、地域により4年制大学への進学率にも大きな差がでている。文部科学省（2017）が実施した平成28年度の高校卒業者の進路調査によると、4年制大学への進学率は、東京都が72.7％、愛知県が52.4％、大阪府が56.2％など

大都市圏ではいずれも50％以上であるのに対し、例えば九州地区では、佐賀県が38.5％、長崎県が39.0％、熊本県が41.5％、大分県が36.6％、宮崎県が38.2％、鹿児島県が35.8％など、40％前後にとどまっている状況である。

　また、学校等の環境要因とは、高校種別やコース種別、学校等の進路指導方針、担任教員や進路指導教員の意見、同級生や先輩の意見や進路先などである。工業科などの専門学科に進学した生徒は、おのずと高校での専門性を活かした分野への進学を検討するであろう。また、普通科においても特進コースとそれ以外のコースでは進学する大学群に相違がある。そして、前述のとおり受験生は高校教員の意見や、同級生や先輩の進路に影響を受けるのである。

（2）　内部環境要因

　内部環境要因とは、経済状況や親の進学への考え方などの家庭環境要因や受験生自身の希望進路や学力などから構成される個人的要因を指す。家業を継げば良いと考える家庭と会社員の家庭では、おのずと大学進学の必要性が異なるものとなる。また経済的に大学進学が困難なケースも想定されるであろう。

　受験生自身の要因も重要である。将来の希望進路により、進学する学部学科が選定されるのであり、受験生一人ひとりが異なる学部学科を選択するようになる。また、自身の学力水準も大学選択基準の大きな要因である。模擬試験の結果や大学入試共通テストの点数で、受験する大学の最終的な決定が行われるのであり、出願直前での志望校変更を多くの受験生が行っている状況である。

5.　受験生の大学選択決定行動の特徴

　以上、本章では、消費者行動理論に基づき、受験生の大学選択行動について概観した。

　大学を選定して入学するという行動は、ほとんどの人にとって、一度限りの行動であり、また就職などその後の進路選択に多大な影響を与える重要な選択となる。したがって、選定に当たっては多くの受験生が入念な情報検索や評価を行っているのである。なお、受験生の大学選択決定行動の主な特徴として挙

げられるのが次の 3 点である。

（1） 受験生は、高校教員など信頼性の高いクチコミ情報を重要視する

　大学は入学してみないと正確な評価を行えないサービス財の性格を持っているため、入学前に正確な評価を行うことが困難であり、信頼性の高い客観的な情報が重視される。そのため、大学に関する専門的知識を入手しやすい高校や予備校等の教員からの情報を重視しており、高校生は初期段階の大学を絞り込む段階において高校教員に多大な影響を受けている。また、予備校生については予備校の担任などがその役割を担っている。したがって、高校や予備校がどのような受験指導を行っているのかを理解し、適切な時期や提供する情報の内容を検討しながらコミュニケーションを行うことが必要となる。

　⇒第 1 部の 2 章以降を参照

（2） 受験生は、初めにすべての大学の中から約 6.5 校に絞り込む

　このグループに入らなければ、基本的にはその受験生の志望する大学にはなれないことを意味する。またその選定に使用されるのが受験雑誌や進学サイトなど、情報量の限られた媒体である。そのため、大学は自大学の特長を端的に示し、受験生に訴求することが必要となるのであり、大学と受験生や高校・予備校とのコミュニケーションのためのブランド構築やコミュニケーション方法の在り方が課題となる。

　⇒第 2 部を参照

（3） 大学進学はほとんどの受験生にとって一度限りの行動である

　大学選択はほとんどの受験生にとって一度限りの選択行動のため、入学後の評価を入学者が再度使用することがなく、他者の大学進学のために使用される。そのため在学生の満足度を高め肯定的なクチコミの向上を図ることが重要となる。

　⇒第 3 部を参照

第**2**章
進路指導の流れと内容

1. 高等学校における進路指導

（1） 進路指導の形成

　現在の進路指導は週に1回ずつあるLHR（ロングホームルーム）の時間と総合学習（探求）の時間を基本にして、1年生から3年生までの体系的なカリキュラムが多くの高校で構築されている。大まかに言えば1年生は文系・理系の選択を行うための学部・学科調べである。2年生では就職や専門学校を含めた進路選択の具体化について、そして3年生は模擬試験の受験の仕方や復習、合格可能性を含めた受験指導が行われているのが一般的である。

　この状況が確立してきたのは、いわゆる"ゆとり"の時間や総合的な学習の時間が導入された当初、教科指導を基本に行ってきた教員にとって、総合学習の時間の内容のイメージがあまりつかめない状態であったことから、その穴埋め的に進路学習が行われ始めた。その状況が、単発のものから徐々に体系的に進化してきたものと考えられる。進路学習の担当分掌は進路指導部になる。そのため、他の教員は進路学習の授業準備や指導等をすべて進路指導部に任せることが可能になる。一方、進路指導部にとっても、共通第一次試験以降の多様化、複雑化していく入試状況を生徒に学習させる時間を確保することができるというWIN-WINの状況ができたのである。

　しかし、その実施状況については、高校の状況によって大きく内容（充実度）は異なっている。組織としてしっかり生徒の進路指導にコミットし考えさ

せたいという方向性を持っている高校、そこまでには至っていない高校、難関大学中心の志望を持つ高校、国公立大学中心の志望状況の高校、大学進学だけではなく専門学校などの希望者も多い高校、就職が中心の高校など、それぞれの高校における進路の状況で進路指導の主眼は当然大きく違ってくる。

（2）各学年の進路指導

　ここでは、国公立大学の志望が多い公立高校を事例として、3年間の進路指導内容を概観する。

1）1年生の進路指導

　1年生の進路指導の中心は、文系・理系の選択とそれに関する大学理解である。高校入学時点の4月は、高校のシステム（単位認定の方法や出席の規定など）が義務教育とは異なるため、そのオリエンテーションを行う。そして早い高校では1年生の5月頃から2年生の教科選択（文理選択）の説明が始まり、

表2-1　3年間の進路計画例

時期	1年	時期	2年	時期	3年
4月	基礎学力、学習状況調査 進路希望調査	4月	進路希望調査	4月	進路希望調査
5月	文理選択説明	5月	進路の手引き配布・説明	5月	進路の手引き配布・説明
6月	進路の手引き配布・説明	6月	進路講演会	6月	進路講演会
7月	模擬試験	7月	模擬試験	7月	大学説明会
8月	オープンキャンパス参加 講習・補習	8月	オープンキャンパス参加 講習・補習	8月	3者面談 講習・補習
9月	オープンキャンパスレポート	9月	オープンキャンパスレポート	9月	推薦会議 共通テスト出願指導
10月	1日大学	10月	1日大学	10月	共通テスト試験出願 学校推薦型選抜指導
11月	模擬試験 進路講演会	11月	模擬試験 進路講演会	11月	学校推薦型選抜受験
12月	講習・補習	12月	2者面談 講習・補習	12月	共通テスト受験票配布 3者面談
1月	模擬試験	1月		1月	共通テスト、出願面談
2月		2月	模擬試験 スタディーサポート	2月	国公立2次試験向け指導
3月	講習・補習	3月	講習・補習	3月	予備校指導

（模擬試験は学年全体の対象のもの。希望者受験のものは記入していない。）
（3年生は他に希望者対象の小論文模試、公務員模試、看護模試などがある。）

7月頃までに選択科目の希望調査が行われる。ポイントとなるのは2年生の理科と地歴・公民の科目選択であり、とりわけ重要になるのが理科の科目選択である物理または生物の選択である。

　一般的に物理を選択する生徒は理系学部を目指すことになる。一方、生物を選択する多くの生徒は文系学部を目指すようになる。加えて文系については2年生以降に理科の専門科目を1科目で共通テストを受験するのか、基礎科目を2つで共通テストを受験するのかについて、見通しを立てておく必要がある。入学してわずか数ヶ月。なぜ、こんなに早い時期から文理選択を行う必要があるのか。それは翌年度の予算申請のために教科書の採択数を各教育委員会に報告する必要があるからである。最終決定は11月頃となるが、ここでの変更は微調整になる。

　"中学4年生"と表現される高校1年生に将来を見据えた、そして大学の学部選択も含めた文理の選択をさせるのは容易ではない。この文理選択は一生の方向性を決めることになりかねないとても重要な選択である。ところが、高校に入学したばかりの1年生は、文系・理系の選択がその後の自分の人生にどのようにかかわってくるのかをまだよく理解できていない。また、大学の入試システムもよくわからない中、2年生の科目の選択をしなければならない。同時に、学部の選択を行う必要もある。その学部は文系型の受験科目なのか、理系を選択しておかないと受験できない状況なのか、という点が重要になる。このように大学にはどのような学部・学科があり、自分はどの学部・学科を選択し、どのような将来イメージを作るのかということを考えさせることが必要であるが、よくわからないまま決めてしまい後に失敗する生徒が学年に必ず何人も現れる。

　また、高校では最初につまずく教科は数学であるとよく指摘される。数学は1年生の夏休み前後から進度が早まり急に難易度が上がる。このように、まだ高校の数学や理科の授業内容についていくことができるかがよくわからない段階で文理選択を決定しなければならないため、文系から理系へ、また理系から文系へと学年が進行するについて変更を希望する者が現れるのである。例えば、文系を選んでしまったが管理栄養士や看護師になりたいなどの文系から理

系への変更はかなり難しい（管理栄養士や看護師は基本的には理系の選択が必要である。一部文系選択でも受験可能な大学もあるが、管理栄養士国家試験、看護師国家試験の問題を確認すると、理系の学力が必要になるのは明らかである）。反対に、理系から文系へ変更（文転という）を希望する生徒も現れる。そのため、本来ならば、文理選択は2年生中盤、そして3年生からの文理分けが望ましいだろう。1年生時点での文理選択は、生徒にとっても、教員にとっても難しい作業になる。

2）2年生の進路指導

　2年生は、いつの時代も中だるみと言われる学年である。そのため、進路指導に関しては、進路に対する興味・関心をつなぎ留めておくための進路学習が中心的に行われている。加えて、入試教科や科目、入試の種類や前期・後期入試の制度の理解、模擬試験による自分の学力把握と大学のレベルや難易度などの大学進学に関する知識を深める時期である。

　近年、各大学のオープンキャンパスへの参加は高校2年生が最も多いであろう。夏休みに数校のオープンキャンパスに必ず行くことなど夏休みの宿題として課されている。そのため、"行かされている感"が先走り、その効果に疑問符が付く場合も見受けられる。しかし、そうまでしてでも行う必要があるほど2年生のモチベーションの維持は難しい。とりわけ、主に秋に実施される修学旅行後の引き締めを、どの高校も意識している。この時期は外部講師などによる進路関係の講演も多く、いわゆる"3年生0学期"といわれる3学期を前に受験生としての心構えを醸成するのが目的になる。また、2月から3月の時期（高校では入試や採点、卒業式などで休校日もでき、指導の継続が難しい時期になる）は生徒がエアポケット状態になることを認識しながらも、なかなか有効な手段が見いだせない状況である。そのため、秋から冬にかけてのこの時期に進路講演や大学説明の行事が増加傾向にある。

　なお、教員が進路情報を得る場面としては、各予備校や受験産業による今後の大学入試の方向性や高校における先行事例などの内容を含んだ説明会や研究会が中心となる。

3）3年生の進路指導

　3年生の進路指導は模擬試験の結果と連動した志望校の選定が主要な目的である。各大学の入試制度や科目の配点がどのようになっているのか、生徒一人ひとりにあった入試方法や各教科の学力を検討するために、生徒との個人面談、保護者を交えた3者面談、そして学年団による進路検討会議などが各学期などに最低1回以上行われる高校が多くなる。LHRや短縮授業で時間を確保して年間数回、個人面談が行われる場合も多い。

　高校教員の多忙さはこのような行事や会議が年々増加していることが大きな要因である。例えば、1990年代までの定期試験の午後は、採点を行う時間もあり、ゆとりがあったように感じる。しかし、現在では、定期試験の午後の時間は、ほぼ進路会議や保護者会、校内研修会などが行われ、採点を行う余裕がない状況も起きてきている。

　なお、進路指導にかかわる情報収集で欠かせないものが各受験産業や予備校による研究会や入試結果報告会である。6月には前年度の入試結果報告、11月にはその年度の模試から分析される受験生の志望動向の報告が行われる。また、7月などに全国の大学に関する研究会などが開かれる。3年の担任など各教員は放課後の部活動指導の合間などを縫って、各研究会や報告会に参加することになる。

（3）模擬試験について

　1年生の模擬試験では学力状況の把握に主眼が置かれており、まだ大学の合格判定などは行われていない。教科も英数国の3教科に限定される。1年生の4月には、学力状況の把握とともに、1日の起床から就寝時間までの生活状況や学習時間の把握と進路目標の把握を中心とした模擬試験に準じた調査を行う高校も多い。そのデータを基本として、個人の面談の中で学習面だけでなく生活面まで網羅した指導が行われている。また、近隣の地域あるいは全国規模で自校と同等の進路実績を持つ高校と全体成績や教科、科目別の偏差値の比較を行い、自校の生徒の学力状況を把握や分析を行う。これは生徒対象の学年集会や、保護者会で報告提示するデータになる。1年生ではA判定、B判定のよ

うな細かい合否判定ではなく、志望大学の偏差値を A1、A2、…のように大まかにグループ化し、生徒には現状は B1 グループにあると示すことで、自分の学力とどのくらいの差があるか示す形になる。

　2年生の模試では前半は3教科が多く、後半になると5教科に移行する場合が多い。これは受験科目となる理科および地歴・公民が2年生から授業として本格的に開始されるためである。また、模試の大学への合格可能性も A 判定から E 判定の5段階で提示されることになり、志望校と自分の学力差を細かく認識できるようになる。過去に実施された大学入学共通テストの内容を模試として、実際の大学入学共通テストの同日にあるいは1週間後に行い予備校に判定を委託する高校も増加してきている。また、それまで記述型であった模擬試験も2年生の2月頃に初めてマーク型で5教科の模試が実施されるようになる。

　3年生の模試は基本的には希望者の受験になる場合が多く、5月の連休前後から12月初め頃まで実施される。内訳としては、各業社主催のマーク模試は、共通テストプレ試験を加え3～4回、国立大学の2次試験（高校では個別学力検査を「2次試験」と一般的に称することから本稿でも以下同様に記述する）対応（私立大学受験対応）として記述模試を実施している。これに併せて、受験生はマーク模試を年間5～7回程度、記述模試を年間3～5回程度受験することになる。なお、他にも難関大学のオープン模試、小論文模試、看護模試、公務員希望者に公務員模試などが、各数回行われる。

　なお、受験生にとっては10月から11月はほぼ毎週模擬試験となる（学校推薦型選抜の準備の時期と重なるためもあり、学校推薦型選抜を進学校の教員は薦めたがらない）。これらの模擬試験を通じ、主に夏休み以降に実施された結果を基にして学力を把握し、志望校を決定していくことになる。最終的な受験大学の候補は12月の定期試験後の2者面談や3者面談で決定していく。

（4）　総合型選抜と学校推薦型選抜、その選考と一般入試の出願校の決定
　学校推薦型選抜は学校長の推薦をもとに出願する。一方、総合型選抜は原則、自己推薦型である。そのため、総合型選抜では、高校が把握しない状態で

大学や専門学校を受験し合格してしまう場合があることから、高校ではすべての入試においてどの生徒がどの大学等を受験しているかの把握に取り組んでいる。生徒自身が積極的に大学選択を行っているのであればまだ許容できる場合もあるが、夏休みに見学した際に、面談で内定のような言質をもらい、そのまま進学先を決定するケースもある。このような安易な学校決定が起こった場合に、入学後の留年・退学などにつながる可能性が高くなることを高校側は危惧する。

　学校推薦型選抜については学校長の推薦を必要とするため、ほとんどの高校で9月頃に推薦会議を開催し選考を行う。成績や日常の生活状況が推薦条件に合致した状況にあるかの確認や、出願できる人数に制限がある場合に校内での選考が必要になるためである。なお、学校推薦型選抜は11月の出願開始であるが、9月に校内で選考を行う理由は、試験科目となる小論文や面接の指導を行う時間の確保が必要なためである。

　このように、日程を遡ると8月以前から生徒との学校推薦型選抜や総合型選抜の出願意思や意向、志望動機、成績面の確認が行われている。そのため、進学校ほど学校推薦型選抜や総合型選抜を生徒に受験させない傾向がある。早い時期から受験の準備や相談をする必要があること、加えて早い時期の入試で合格した場合、それ以降の学習のモチベーションの維持が難しく、10月以降のクラス全体の学習体制への悪影響を及ぼすことが危惧されるためである。多くの高校教員は学年全体、クラス全体でセンター試験までは落ち着いて5教科の学習に取り組ませたいと考えているが、早い時期に合格した生徒の勉学意欲の低下が周囲に影響を与えることや、不合格の場合の当該生徒のモチベーションの低下や学習の遅れを危惧するからである。実際に、このように早期合格者が大学入学共通テストを受験しても本人の実力からするとかなり低い点数しか取れない状況が見受けられる。

　12月面談の内容は模試結果を参考にしながら受験校の検討を行う。特に私大の場合は合格目標校1校程度、実力相応校2校程度、合格確保校1〜2校の確認をしながら、弱気になっていないか、逆に実力以上の志望校になっていないかなどの確認を行う。また、一般入試かセンター利用入試で出願するかな

どの詳細な受験方法についても合格可能性を勘案しながら決定する。合格発表日と学費納入日の一覧表を作成させスケジュール確認をし熱心な指導を行う教員もいる。なお、国公立大学の受験については、模擬試験の結果を考慮し難易度から数大学を候補にし、願書を取り寄せる（インターネット出願が増え、現在はほぼ不要になった）準備をさせる。

（5）　その他の指導（高校教員の大学観）

　高校の進路指導教員の大学の学部学科等への認識（生徒への指導内容）について、以下のとおり指摘したい。2000（平成 12）年に全国の国公私大の学部数は 1794 学部であったが、2019（令和元）年には 2577 学部に増加している（文部科学省，2020）。これに伴い、似たような名称の学部が複数存在するとともに、同じような学部名称でも内容が異なっている場合も多く見受けられる。各大学の学部内容に精通している高校生はさほど多くはない。その中で、生徒の将来の希望と合致するように大学選びを指導するのも進路指導の大切な役割である。そこで重要と思われる学部選択の注意点について指摘しておく。

1）　教育学系と教員養成学系の違い

　旧帝国大学を中心に設置されている教育学部（教育学系）は純粋に現在の教育に関する問題を学問として追及する。教育行政の変化や諸外国の教育と日本の教育の制度の違いや発達の歴史、問題点などを研究する。それに対して地方国立大学に設置されている教育学部は基本的には教育養成系の学部であり、現場の小学校、中学校、特別支援学校などの教員を養成することを主眼としている。そのための学校や授業の関する課題や問題点を研究する。いい板書の書き方、生徒への発問の仕方から教材研究、指導案の書き方など現場に直結したことを学ぶ。もちろんいじめや学級崩壊、保護者への対応なども考えていく。地方国立大学の教員養成学部は戦後の学校教員が不足していた時期に師範学校から出発したものであり、旧帝国大学の教育学部とは歴史的に学部の目標や役割が異なるものとなる。

2） 小中学校の教員志望と高校教員の志望すべき学部の違い

　教員になりたい生徒は現在も多くいる。学校教員は幼稚園、小学校、中学校、高等学校であるが、よくある悩みは高校の教員になりたい場合、何学部を選ぶべきなのかという点である。一般的には小学校および中学校の教員は教育学部で高校の教員は専門の学部になるであろう。

　小学校および中学校の教員の場合、与えられた教科内容をどのように生徒たちに教えていくのかという「教え方」が重要である。対して、高校の場合は受験する生徒がいれば東京大学の問題も生徒に解いて見せて解説することができる「教科の実力」が必要である。理科や地歴・公民については中学校に比較しても物理、日本史などのさらに細かい科目設定になる。それだけ教科・科目の力が求められるため、教育学部より専門の学部が望ましい。実際の教員採用試験についても、教育学部の学生は小中学校を受験し、人文系の学部や理学部などの学生が高等学校を受験する傾向が強い。

3） 理学部の化学系と工学部の化学系の違い

　理学部は基礎研究、工学部は応用研究と区分できる。理学部では有機化学、無機化学の基礎的な研究分析が中心となる。それに対して工学部はそれらの知見を基にして医療やバイオ分野に至るまで広く人間社会に活かすことができる"モノづくり"である。そのため、生徒がどちらの方向の学びや将来を希望しているのかで志望する学部系統が違ってくるのは当然である。これは物理系や生物系も同様であり、さらに化学系や生物系は農学部との違いも認識しておくことが必要になる。

4） 薬学部の4年制と6年制の違い

　薬学部が6年制になった時に、私立大学を中心に4年制と6年制に募集単位も分かれた大学が出現した。6年制は基本的には薬剤師の養成課程になる。一方、4年制は製薬系が目標である。4年で学部は卒業するが、大学院に進み実際に薬を作るという内容の研究を目指す。このように同じ薬学部であっても目的が異なるものとなるのであり、合格しやすいからという理由で、目標ではない課程に進学すべきではない。

（6）　大学入学共通テスト後の出願指導

1）　指導の基本的考え方

　大学入試共通テストは合計得点が同じでも、各教科・科目ごとの得点率によっては合格可能性が大きく違ってくるのに加えて、2次試験の教科・科目の得意、不得意や配点によって出願校が変わってくる。

　もちろん基本的に旧帝国大学を目指すようなトップの高校では、浪人を覚悟して合格可能性を度外視してでも第一希望を受験する場合も多い。しかし、地方国公立大学が目標というレベルの高校では現役での合格を希望する生徒が多くなる。そして、経済的理由で浪人は不可という生徒にとっては、浪人したいか、したくないか、ではなく、できる（の）か、できない（の）かになるであろう。

　また、志望している学部・学科系統の目標点数に達しなかった場合に、どこまでなら志望系統の範囲を広げることができるのか。受験可能（移動可能）な地域など、受験生のさまざまな条件に即した受験校を、前・中・後期の受験パターンや私立大学の併願について、合格可能性を加味しながら生徒、加えて家庭と詰めていく作業が行われる。

　もちろん、12月の3者面談で出願大学を私立大学も含めてほぼ決めている高校も多くみられる。しかし、大学入試共通テストで目標通りの得点を確保できる生徒はそれほど多くはないため、自身の得点に応じた受験校の軌道修正が必要になる。そこをどのように調整するのかが最後の出願指導の"腕の見せ所"になる。

　大学入試共通テストの得点が低い状況でやみくもに受験しても、合格に至ることはほとんどない。そのため、国公立の志望であれば地域を絞らず、子供をどこでも出すという気持ちでお願いしたい、と低学年時の保護者会などで伝える高校が増加してきている。

2）　大学の価値を見極める

　国公立大学、特に国立大学の難易度は基本的にはその県（地域）の人口とある程度相関関係にある。首都圏や関西圏は総じて難易度は高く、地方にいけばいくほど難易度的にはくみしやすくなる傾向にある。けれども、難易度は大

学の学問・研究の内容と必ずしも一致するわけではない。しかし、生徒も保護者も一般的には難易度がその大学の内容と相関しているという固定観念を持つケースが多く、また高校教員の中にもそう考えている者も多い。

　地方国立大学も分野によっては世界レベルの研究を行っている。このような情報を受験生はもちろん、高校教員や保護者に伝えていくことが、生徒の大学選びの視野のみならず将来を広げていくことにつながるであろう。

3）　大学入学共通テスト後の進路指導

　大学入学共通テストは土日に実施される。翌、月曜日に生徒は自己採点を行い、高校を通じて予備校や受験産業にその内容が送付される。また、水曜日の昼頃には予備校や受験産業などから各大学の志望動向とボーダーラインなどのデータがリリースされる。

　そして、週の中頃には予備校や受験産業主催の説明会が行われる。地区ごとに説明・分析の内容は基本的にその地域の国公立、私大に限定される。例えば、北海道であれば道内と一部東北地域、東北では東北と若干の北関東の大学がその対象になる。そのため、それ以外の地域の大学情報については、ベネッセでは「コンパス」（提携している駿台予備校では同じものを「選太くん」と呼ぶ）、河合塾では「バンザイ」と呼ばれる志望校検索システムを利用することで、志望校の決定が行われていく。

①　実際の出願検討の方針

　　最終的な国公立大学の志望校決定については、すべて生徒任せという高校もあるが、担任と生徒が相談し決定するという高校が多い。

　　以下は、筆者が進路指導部長を務めた北海道の公立高校の事例である。大学入学共通テスト（当時はセンター試験）は学年320人中200数十人が受験し、実際に国公立大学の一般前期入試への出願者は200人前後という状況の高校である。

　　当校では木曜日の各予備校、受験産業の説明会を受けて、金曜日から日曜日までの3日間で計約20時間を費やし、受験したすべての生徒の志願校に関する検討会を行っていた。そして翌週にその結果に基づき、本人や保護者との話し合いを経て出願校を確定していった。

　この検討会は職員会議を行う大きさの広い会議室を使い、壁面に2社の
データを大きく映し出しながら比較検討する。また、自己採点の日に調査し
た、生徒一人ひとりの志望許容範囲の学問系統、受験可能な地域、個別試験
で使いたい（使いたくない）教科・科目などを資料に基づき検討が行われ
る。検討会を行う金曜日、朝の教職員の打ち合わせで、会を公開で行うこと
を連絡する。それは次年度を意識して2年生の担任に、30分でも1時間で
も見学してほしいという意図からである。

　3年生の担任団は原則参加であるが、生徒対応の必要も出てくるため、自
分のクラスの生徒の検討している時間帯のみを必須としていた（他のクラス
の生徒の検討が、自分のクラスの生徒にとってもいいヒントになる場合もあ
る）。担任がもし不参加だった場合、生徒に検討の結果だけを伝えることが
あるためである。単純にコンピューターの合格可能性で出願指導を行ってい
るのではない。生徒個人の希望条件を加味しつつ、「このような状況を考え
ながらこの大学の受験を薦めている」と、しっかりと検討した状況を生徒に
説明してもらいたいと考えていたからである。

　加えて学年団の英数国理の教員はなるべく参加するよう依頼している。英
数国理の教科担任に出席を求めたのは、前期2次試験、後期・中期の2次
試験で逆転可能な学力があるのか、逆の場合はどうか？　という意見を求め
るためである。模擬試験の偏差値だけではなく、定期試験答案や授業を受け
ている状況、プリントの提出内容などからの当該生徒の詳細な学力状況が受
験校決定には重要となる。加えて、検討している大学の2次試験の問題内容
を把握できていないと正確な判断はできない。大学受験が中心の高校に勤め
る英数国理の教員は、当然そのレベルの教科指導力が必要になる。

　なお、事例としては少数ではあるが、地域のトップ校の中には、教員作
成の校内模擬試験を行っている高校がある。異動して数年の教員が問題作成
を行い、教科担当教員の中で問題の評価が行われる。たくさんの自校生徒が
受験する大学の2次試験問題を意識して作問することで、確実に教員のスキ
ルもアップする。このような高校は教員の教科指導力は当然ながら高いもの
となる。

② 実際の出願検討の例

　検討会では、0秒で検討が終了するような生徒はほとんどいない。「前期入試の合格可能性が厳しい場合、後期入試は合格可能性の高い大学を選定できているのか？」「希望分野と少し異なる内容の学部・学科でも本人は許容するのか？」「あるいは浪人覚悟でこの大学にこだわるのか？」など生徒一人ひとりの諸条件を加味し検討していると生徒1人に60分以上かかることも珍しくない。当時の勤務校は北海道より本州の国公立大学を受験するケースが多かった。そのため、木曜日に青森と盛岡の受験産業の説明会に教員を派遣し、教員が戻ると、そのまま駅前のホテルで朝方まで難航しそうな生徒の事前検討会を行っていたこともある。それでも、得点が微妙な場合は簡単に結論が出ない。また、このように熟考した検討した結果を提示しても、生徒が首を縦に振らないことは往々にして起こりうることである。

（7）　進路指導部の役割と意味

1）　進路指導部の役割

　高校で3年生の担任をもつのは通常3年から4年に一度という場合が多い。近年の受験状況の変化は速く、3～4年経つと学部・学科、コースなどが再編により変化しており、それに合わせ、受験生の学部系統の志望動向も変化している。その他にも、隔年現象の把握などさまざまな要因が取り巻いているのであり、模試データ等による判定のみを参考にして受験校を決定すると手痛い失敗が起きる可能性がある。

　国公立大学の出願では、志望校選択を生徒に任せている高校は出願開始と同

表2-2　国公立大学の判定基準

ちなみに、当時の河合塾の判定基準は
◎（80％以上の合格可能性）、○（50％以上の合格可能性）、△（20％以上の合格可能性）、▲（20％以下の合格可能性）であった（現在は ABCDE）。
また、ベネッセ（駿台）は A（80％以上の合格可能性）、B（60％以上の合格可能性）、C（40％以上の合格可能性）、D（20％以上の合格可能性）、E（20％以下の合格可能性）の判定基準であった。

時に出願していく場合も多いが、当校ではぎりぎりまで出願を待たせることが多かった。受験産業等のシステムでボーダーラインが何かの原因で低く設定されたために、データ上ではまず不合格にはならないはずの◎Ａ判定の生徒が早期に出願したことで不合格になってしまったケースが起きたためである。

　２）　前期・後期の受験から予備校の選択まで

　これらの過程を経て受験校が決定されるため、国公立大学の前期入試の受験校は第１希望ではない場合がかなりの確率で起きることになる。また、後期試験は、生徒にとって前期入試よりも合格可能性が高い（偏差値が低い）想定外の大学の受験になる場合が頻出するため、受験に際してはより注意深い指導が必要になる。入学後のモチベーションが落ち込んで退学することが起きないようにするためである。

　このように、筆者が行った高校での進路指導の実態を紹介したが、より工夫された指導が多くの高校で行われていることであろう。しかし、どの高校にも共通するのは、生徒たちが３年間、部活動同様に受験勉強を頑張り、その集大成としての大学入試共通テストでの得点を、将来の目標に向けて何とか合格に結び付けるために、できることは最後までやってあげたいという思いであろう。

　そのため、卒業後（現在多くの都道府県は公立高校の卒業式は３月１日が多い。）も後期の２次試験（３月12日開始）まで、教科の指導、面接の指導、小論文の指導だけでなく、前期で想定外に不合格になった生徒の気持ちを立て直し、後期の受験に向かわせるべく生徒への指導を行っている。後期の２次試験に面接が含まれているときはなおさらである。

　もちろん、本人の志望と性格を考えたときに、どこの予備校が望ましいかのアドバイスも重要である。そのためには予備校の特徴を把握しておく必要もある。熱心な教員は予備校に在籍する卒業生を訪ねて、状況を確認する。その状況とは卒業生の顔つきや学力の状況だけではない。在籍する予備校の授業の充実度やクラスの人数、寮やアパートの状況などの実情の把握を行っているのである。

3) 高校教員の実情

　高校の教員は1週間で平均16〜17時間の授業を担当し、加えて総合の時間とLHRが入る。したがって担任教員は週30時間のうち18〜19時間の授業を担当している。表2-3は筆者が高校で進路指導部長職であった際に担当していた授業時間割である。進路指導部長の職務が考慮され、平均より少なめの週14時間が担当授業時間数であった。この空き時間を利用して、訪問してくる大学、短大、専門学校の対応や書類整理、各種資料の作成や次の授業の準備などを行う。放課後は生徒の相談や、放課後の講習、各種会議や部活動の指導が入っており、ほぼ余裕がない状態である。したがって、高校を訪問する際には、必ずアポイントメントを入れるべきであろう。

表2-3　筆者が担当した時間割（例）

	月	火	水	木	金
1時限		授業	授業		授業
2時限	授業			授業	
3時限		授業	授業		授業
4時限	授業	授業			授業
5時限			授業	授業	
6時限	総合学習		授業	LHR	

　また、進路指導部の現場で最も嫌がられるのは、退職された校長などが大学等の入試担当者として来訪するケースである。進路指導部にはアポイントメントなしで訪問し、校長室に突然呼び出され、生徒を送るように要求される。進路指導の担当者間ではよく話題に上るが、快く感じていない教員が多いようである。

（8）　合格指導から進路指導へ

1)　卒業生からの情報収集

　大学がHPなどで発信する情報以外に、生の声による情報の収集も重要である。そこで、教育実習に来た卒業生や、メール（最近であればSNS）を駆使

することで、さまざまな情報収集が行われている。

　卒業生に自分の時間割や今頑張っていること、自校を後輩に薦めるかなどの状況を記入してもらい、進路室付近の廊下への掲示や、大学別に作成した閲覧BOX に入れておく。また、教育実習生や卒業生が高校に遊びに来た時に、放課後などに後輩に直接話をしてもらうことや講演会を催すなど、さまざまな工夫を行っている。一方、大学側でも帰省する学生の旅費の一部を補助することで、出身高校を訪問し進路担当教員に自校の説明を行うことを課すなどの取り組みを行っている。

2）2つ先の進路指導

　合格だけを考えるのであれば、受験大学の難易度を下げることで解決する。しかし、それでは合格しても満足度は低い。大学合格が最終目標ではなく、自分の就きたい職業など、その次の目標を達成できてはじめて意味があるのではないかと考える（もちろんそれで終わりではないが）。大学合格は大切な1つのステップではある。けれども、その次を見据えた指導や情報収集が求められる。

　日常の進路指導はどうしても合格が最優先になる。しかし、進路指導とはその次の情報、例えば「公務員試験や看護師国家試験の種類や内容・倍率」「司法試験や警察官にはどのような大学の実績が高いのか」「放送局や新聞社などのメディアを目指すのであれば、どのような個性が求められるのか」「航空業界に必要な能力はどのようなものなのか」「この業界の所得はどのくらいなのか」など知っておくべき情報が山積している。したがって、東洋経済や週刊ダイヤモンド、就職四季報などによる各企業の採用大学なども参考にされている。2つ先を見据えておくことが、合格指導から本当の意味での進路指導につながるのではないだろうか。探求学習の重要性も高くなっていくと思われる。

　そして目まぐるしく変化する社会において、どのような職業やスキルが求められ、どのような業界ではどのような働き方になるのか。どのような人材が求められるのか。これからは、単なる大学の合格ではなく、その後を考えさせるようなスキルを持った進路指導が求められているのであり、大学側はこのような高校が求める情報の提供を意識すべきであろう。

2. 高校への受験産業の影響

　本節では、高校の進路指導現場に対して、予備校、出版社等のいわゆる受験産業がどのようなアプローチを行っているのか、また、受験生（高校生）の進路選択にどのような影響を及ぼしているのかについて、高校を会場として実施されている大学入試全国模擬試験（以下、模試と記載）のケースから、その一端に迫っていきたい。

（1）　模試が高校の進路指導に強い影響を及ぼす理由

1）　模試の結果に強い影響を受ける受験生

　志望校決定に際して、模試の判定結果を重視する受験生が80.2％。これは、民間の教育研究機関が大学生に対して2013（平成25）年に実施した調査結果である（岡部，2013）。また、受験生の97％が模試を受験したという調査結果もある（河合塾，2020）。もちろん、これらの調査データは一例であり、調査機関や調査対象者、また、対象年度によって回答割合は異なるだろう。しかし、少なくともこれらの調査データからは、受験生にとって、模試の結果が出願校の決定に大きな影響を及ぼしていることが読み取れる。

　では、なぜ受験生は模試の結果に強い影響を受けるのだろうか。理由の一つとして、大手予備校の河合塾が、模試を受験するメリットについて、「入試本番に近い雰囲気を感じられる」「普段の学習で気づかない弱点を発見することができる」「受験者の中での自分の位置が掴める」をあげているように、受験生が志望校に合格するための欠かせないツールとなっていることがあげられる。大学入試は、都道府県単位で実施される公立高校の入試とは異なり、全国の受験生との競争となる。そのため、特定の難関大学や難関学部等に多くの合格者を輩出している一部の進学校を除き、各受験生は、高校内の成績だけでは志望校の合格の可能性を検討しにくいという実状がある。前述の「受験者の中での自分の位置が掴める」というメリットにあてはまる部分である。

　それでもなお、受験生は現役生であれば、まずは高校での授業や定期テスト、

また、校内での実力テスト等をこなしていかなければならない。なぜなら、それぞれ一定以上の成績を収めなければ大学入試を受験するための高校卒業見込みという出願要件を満たせないからである。そのような多忙な中にあっても、模試といういわゆる学校外での取り組みである試験が高校生に大きな影響を与えている。では、この影響力の大きさは、志望校合格の可能性を確認できるということだけで説明できるのだろうか。説明が難しい場合、他にどのような理由が考えられるのだろうか。

2） 高校の進路指導に組み込まれた模試

　結論から示すと、模試の影響力が大きい理由は、模試の受験時点における志望校合格の可能性を確認できることだけに留まらず、教育的効果を期待する観点から、受験生が在籍する高校の進路指導の中に組み込まれているからということになる。どういうことなのか説明したい。例えば、大学入試等の学校に入学するための試験や、何らかの資格や免許の取得を目指して受ける試験の場所（会場）を想像してみてほしい。通常、私たちは、入学を目指す学校や、試験を主催する団体が設置する会場に足を運ぶことになるだろう。一方、模試の場合はどうだろうか。本番の試験と同様に、模試を主催する予備校等の団体が設置する試験会場（公開会場）に行くこともあるだろう。しかし、模試はあくまでも模擬の試験であり、合否を決定するための公正、公平の観点や、絶対的なセキュリティの担保が求められる本番の試験とは性格が異なる。そこには、本番の試験に向けた教育的効果への期待や受験者が受験しやすいという利便性の向上などの要素が含まれる。したがって、その試験に合格するために学んでいる学校や塾、予備校で受験するケースが多く存在するのである。その割合は、例えば、2020（令和2）年度大学入試センター試験の志願者の81.1％が現役生（高校生）であることから（大学入試センター，2020）、各模試の80％以上が在籍する高校で受験していることが考えられる。10万人参加の模試であれば、8万人以上が、20万人参加の模試であれば16万人以上が、自分自身が在籍する高校で受験している計算となる。ただし、予備校が主催する模試は、予備校側が、生徒が授業を受けるための教室を保有しているため、一定規模の模試会場を設置することは可能だが、出版社が主催する模試は、出版社側が、生徒が

授業を受けるための教室をもともと保有していないため、模試会場の設置自体が難しいという事情がある。そのため、模試を主催する団体によって高校で受験する者の割合は異なる。

　一方で、高校で模試を実施するシステムは教育的効果以外にも大きな意味をもたらしている。そこには、模試を主催する予備校、出版社等の受験産業と模試の受験料を支払う高校生側との間に高校教員が介在するという事実が発生するのである（図2-1）。

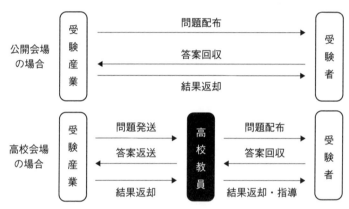

図2-1　高校会場（高校教員経由）で模試を実施する流れ

　模試を実施する主催団体が準備する公開会場での受験であれば、申し込みから試験結果の返却までの流れは、受験産業と受験者である高校生の二者間で完結する。しかし、高校で受験することによって、模試の問題は受験産業側から高校に送られ、高校教員が試験監督として生徒に問題を配布し、実施後は、高校教員が生徒の答案を回収し、取りまとめ、受験産業に返送する。そして、受験結果は受験産業側から高校を経由して生徒に返却されるのである。このようにして、高校教員が受験産業と受験生の間に入り、両者の橋渡し役となる構図ができる。しかも、模試を学校で実施することによって、模試は学校行事となる。学校行事となると、学校内の教育活動となり、生徒の意思とは関係なく、基本的に大学進学希望者全員が学校行事として模試を受験し指導を受けること

になる。高校によっては、受験後の面談指導等に留まらず、受験前の模試対策なども行われている。このように、高校を試験会場として模試が採用されるということは、模試が学校外の教育活動から学校内の教育活動へ格上げされることを意味しているのである。そして、この学校内の教育活動への格上げが、学校全体、もしくは学年全体での継続的な採用につながり、高校と受験産業との結びつきを強めているといえる。

3）　高校で実施する模試が継続する理由

　この高校を会場とした模試の実施の歴史は長い。井原・東田（2001）によれば、高校で実施される全国規模での模試の実施は、今から60年以上前の1954（昭和29）年の旺文社模試が起源だという。これだけの長い期間、続くのには当然理由があるはずである。その最大の理由が、さきほど示した高校を試験会場とする学校内の教育活動への格上げという仕組みが、受験産業側だけではなく、高校側、そして、受験生となる生徒側にもそれぞれにメリットをもたらしているからだといえる。また、高校は中学校とは異なり義務教育ではないため、高校側の裁量で教育的効果があると判断されれば、いわゆる業者模試を学校内で実施することに制約を受けないことも、長い期間にわたって高校の行事として高校内で継続的に実施されてきた理由であるといえるだろう。

　表2-4は、筆者自身がこれまで受験産業の社員として20年以上にわたり、高校現場を訪問してきた経験をもとに整理した高校で模試を実施・受験するにあたっての「受験生（高校生）」「高校教員」「受験産業」それぞれのメリットである。個人的な見解が含まれている可能性がある点についてはご留意願いたい。

　三者それぞれのメリットを見ると、受験者（高校生）から見た場合、教育的効果とコスト削減という二つのメリットがあることが確認できる。例えば、受験者（高校生）が模試を受験したいと考えた時、都市部に住んでいる受験者であれば、主催する予備校が設置する試験会場と在籍する高校のどちらで受験することも可能だろう。しかし、地方に住む受験者にとって、在籍する高校で模試を受験できないとなった場合、お金と時間をかけて都市部の試験会場まで出かけていかなければならない。居住地によっては宿泊を伴う場合も発生するの

表2-4　高校で模試を実施・受験するメリット

対象	メリット
受験者 （高校生）	・高校の先生から模試の結果に基づいた志望校合格のための客観的な 　指導が受けられる。 ・公開会場での受験と比べた場合、コストと時間が節約できる。 　（利便性の担保）
高校教員	・担当する生徒の志望校合格に向けた指導が充実できる。 ・集団特性が把握できるため、高校（学年）全体としての 　進学実績を伸ばすための方策が立てやすい。
受験産業	・学年全員で一括採用されるケースが多いため 　希望する生徒だけの受験よりも売り上げをアップできる。 ・高校の先生が試験全体の運営をしてくれるため、 　大幅なコスト削減が可能となる。 ・行事として高校の進路指導に組み込まれるため、 　毎年度の継続的な採用によって売り上げが安定する。

である。

　一方、高校側から見た場合、先ほど述べた教育的効果への期待というメリットが大きいことがわかる。高校側にとっては、高校で実施することによって、生徒個人や、クラス、学年全体の成績状況を把握し指導につなげることが可能となる。高校側の願いは、受け持った生徒全員の希望進路を実現すること、いわゆる進路保障[1]である。大谷（2017）は進路保障について次のように述べている。

　　錦の御旗とよく言いますが、高校教師が受験学力育成に特化した教育をやるときの錦の御旗が、「進路保証」という言葉です。とにかく、この子たちに進路保証してあげなければいけないのだから、受験学力を付けるのだと言うのですね。たぶん、「進路保証」という言葉には、仕方がないのだと自分を納得させる意味があるのだと思うのです。今この子たちを進学させることが問題なので、とにかくそれをやるのだ、仕方がないのだと。つまり、「進路保証」という言葉は、教師にとって免罪符でもあるのです。

　大谷（2017）の指摘からは、受け持った生徒の卒業後の進路先を確保する

ことが高校教員の重要な使命であり、教員個人としての方針以上に、生徒の進路先の確保を優先して取り組んでいこうとする姿勢を有していることがうかがえる。

　また、渡辺（2006）の「高校は高い評価をもつ大学にどれだけ多くの卒業生を送り込むかによって順位づけられている」や、児美川（2007）の「生徒たちを『偏差値』に象徴される一元的基準に基づいて、それぞれの進路先に振り分けることが、進路指導の事実上の役割であったという側面を否定することはできない」という指摘、さらに、鈴木（2011）が、公立学校においても学校経営の視点が教員に求められ、特に、地方の公立進学校では進学実績によって生徒募集に大きな影響が出るため、各生徒の合格状況（入試結果）は教員にとって無言のプレッシャーとなっていると述べていることなどからは、進学校における進学実績の向上が、高校教員の大きなプレッシャーとなっていることがうかがえる。模試を高校で実施すれば、当然、高校教員の仕事は増え忙しくなる。それでも、高校教員が、受験産業と受験生である生徒の間に入って、高校で模試を実施するのは、生徒の進路保障を最優先しているからであるといえるだろう。そして生徒は、進路選択で指導を受ける場面が増える高校教員の影響をより多く受けることになる。高校生が進路を決める上で、とても参考にした人として、「高校の担任の先生」「高校の進路指導の先生」が上位に位置している調査結果があるが（Between, 2020）、高校が進路保障のために、高校を会場として模試を実施し、学校内の教育活動として位置付けている構造も、進路指導における高校教員の影響力が大きい一因としてあげられるだろう。

　最後に、受験産業にとってのメリットであるが、売り上げアップとコスト削減という経営的なメリットが大きいことがわかる。しかしながら、これ自体はごく当然のことである。なぜなら、民間企業は利益を出さなければ生き残っていけないからであり、利益を最優先することは企業として当然のことだからである。ただし、顧客にとってのメリットがなければ、利益を継続的に出し続けることはできない。高校で模試を実施・受験するこの構造においては、顧客である受験生、高校教員に対して、教育的効果への期待というメリットを提供している。その上で、利益を継続して安定的に確保できる旺文社模試を起源とし

たこの仕組みは、受験産業で成功を収めた一つのビジネスモデルといえるだろう。

（2） 受験産業が提供するデータへの依存度が高まる

　前項では、受験産業が高校で模試を実施することが、高校側との関係性を深め影響力を強めていることについて触れたが、ここでもう一点確認しておきたいのが、模試は高校3年生に対してだけではなく、高校入学後の1年生から卒業までの3年間にわたって強い影響力を及ぼしているということである。理由は、大きく分けて次の二点の事実に集約できるのではないかと考える。

　一点目は、模試は高校3年生対象だけではなく、高校1・2年生向けにも年間複数回実施されているという事実である。そして、多くの高校が1年生対象の模試から年間複数回にわたって、学校行事として生徒全員が受験するという形態を取っている。したがって、生徒は高校入学直後から好むと好まざるとにかかわらず学校行事となった模試の受験機会を通じて、受験時に記入したその時点における志望大学の判定結果から、大学入試における合格の可能性を自分自身ではもちろんのこと、高校教員からの指導によっても意識するようになる。

　もう一点は、大学入学共通テストを受験した翌日に行う自己採点が、模試同様、受験産業側が企画し高校内で行事として実施されているという事実である。受験産業側が大学入学共通テストの前に、自己採点結果と志望校を記入できる用紙を、各高校に受験予定者数分だけ送付し、大学入学共通テスト実施後の翌日に高校側が、生徒が行う自己採点結果を取りまとめた後、各受験産業に送り、その2日後には、全生徒の志望校に対する合否判定データと志望校を検索するシステムが、受験産業側から各高校に提供される。そして、提供されたデータと志望校検索システムを利用して、各高校では国公立大学を中心とした最終出願指導が行われる。このような仕組みが、全国の多くの高校の進路指導現場で確立しているのである。

　先﨑（2010）は、自己採点結果後の出願行動おける受験生を取り巻く環境について、予備校の強い影響力が1979（昭和54）年の共通一次試験の実施以

来、30 年以上にわたって介在していることを次のように述べている。

　　　予備校に共通する特徴は、共通一次試験に対応した数十万規模の模擬試験の実
　　施と、そこから得られた情報と共通一次本試験の自己採点結果の収集・分析とに
　　よって大学の合格判定の精度を向上させようとしたことにある。受験生、保護者、
　　高校はもとより大学にとっても、こうした予備校のデータが入試戦略上不可欠な
　　存在となるまでに至ったことは、その是非はともかく、もはや否定できない。

　このようにして、高校で実施される模試と大学入学共通テスト後の自己採点
集計データの連結によって、生徒の出願校決定に対する受験産業の影響力は強
大化し、受験産業のデータがなければ出願校の決定が困難となっているのが、
多くの高校の進路指導現場の実状だといえるだろう。

　もちろんこうした状況が日本全国のすべての高校に該当するわけではない。
例えば、筆者が 2019（令和元）年に高校教員に対して行った出願指導に関す
るインタビュー調査において、進路指導を担当する先生から以下のコメントを
いただいている。

　　　現在、大量退職の時期に差し掛かっており、ベテラン教員が減少している。こ
　　の中で、進路指導の経験が豊富な教員であれば、予備校の判定は参考程度に留め
　　て各生徒の成績伸張度や個別試験内容との相性などの状況に応じて指導する。一
　　方、進路指導の経験が浅い教員の場合、予備校の判定ありきで指導してしまうケー
　　スが多い。

　筆者自身、これまでに、はじめて高校 3 年生の進路指導を担当する多くの
高校教員と話をさせていただいた。教員の多くは、日ごろの教科指導の状況や
他の教科の先生のコメントなどから、例えば、この生徒であれば、たとえ、自
己採点後に予備校から算出される合格可能性の判定が思ったより低く出たと
しても、志望校に合格できる可能性は高いと判断し、当初の志望校の出願を勧
めたいと考えることがあるという。しかし、実際に、「C 判定」や「D 判定」[2]
という判定を目の前にして、自信を失っている生徒や冒険はさせずに安全志向
で出願させたいという保護者の意向に触れると、教員自身が「C 判定」や「D

判定」から合格に導いた経験がないことから、それ以上は、強く指導できなくなってしまうことが多いという。高校によって、進路指導の人的ノウハウの蓄積と継承が困難となっていることが、受験産業が提供するデータを状況に応じて活用するというフェーズから、提供されたデータがそのまま最終判断材料となるフェーズへとシフトさせ、高校の進路指導現場における受験産業のデータへの依存度を高めている背景となっているのである。

（3）　今後も続く受験産業の影響力

　以上、本節では、高校の進路指導現場に対して、受験産業がどのようにして強い影響力を及ぼしているのかについて、高校を会場とした模試の実施状況のケースから概観した。

　高校は、生徒の卒業後の進路を保障することを重視し、進路保障の有力な手段として、受験産業がもたらす情報やデータに頼り進路指導を行っている。模試はその代表例といってもよいだろう。さらに、進路指導の経験豊富な教員の退職や異動サイクルの早まり等による職場環境の変化によって、受験産業への依存度が高まり、現状は、受験産業が提供する情報がなければ受験指導自体が困難な段階に至っている高校が多いと考えられる。一方、受験産業は模試の実施や大学情報の提供を継続的に行うことで高校との関係性を深め、安定的な売り上げを確保している。つまり、高校の進路指導現場と受験産業は、結果としてWIN－WINの関係を構築していることになり、高校の進路指導現場に対して受験産業が大きな影響力を及ぼす仕組みは今後も変わることがないといっても過言ではないだろう。

┌─ コラム ─「受験産業を活用しながらの進路指導ノウハウの継承」─┐

　本文の後半では、高校内における進路指導のノウハウの継承が難しくなっている点について触れましたが、一方で、ノウハウの継承を意識的に実践されている高校もあります。ここでは、筆者のこれまでの高校訪問の経験から二つの事例を紹介させていただきます。

1.　進路室に常駐する先生が複数いる。
　一見、ごく当たり前のことのように思われますが、ここでのポイントは、「各学年の進路担当の先生の席が進路室にあり、実際に常駐しているかどうか」ということです。実際に常駐していれば、学年を超えた日常的なコミュニケーションが可能となり、進路に関する最新の情報や生徒の動向が複数の先生間で自然と共有され、その高校にとっての進路指導のノウハウが蓄積される仕組みができます。もし、読者の皆様が高校の進路室に行く機会があれば、その高校の進路室が「各学年の進路担当の先生の席が進路室にあり、実際に常駐しているかどうか」を確認してみてください。

2.　志望校検討会資料に、3年生の担任の先生が判定を記入する欄が設けられている。
　志望校検討会資料には、多くの場合、一人一人の生徒の志望校に対して、業者模試の判定（結果）が入っています。その中で、筆者が印象に残っているのは、業者模試の判定は入れるが、業者模試の判定の横に3年生の担任の先生が判定を記入できる欄を設け、担任の先生が手書きで記入した判定をもとに検討を行う高校が複数あったことです。つまり、業者模試の判定は参考に留め、検討に利用するのは高校の先生が総合的に検討し記入した判定であるということです。なぜ、そんな学校内の資料と会議の内容を知っているのかというと、筆者自身が、担当していた複数の高校の志望校検討会資料を、模試受験のサービスの延長として作成し、実際に志望校検討会に陪席させていただいた経験があるからです。そこまで受験産業は高校に入り込んでいる場合があるということです。また、はじめて3年生の担任を持つ先生のクラスについては、副担任として進路指導の経験が豊富な先生を配置する高校もありました。したがって、はじめて3年生の担任を持つ先生は、進路指導の経験が豊富な副担任の先生と協議しながら、生徒一人ずつの判定を記入していきます。このようにして、進路指導のノウハウを継承している高校もあります。

3. 予備校による進路指導

（1） 予備校による受験指導

1） 予備校とは

　本節では、高校生が高校卒業後に大学受験のために通う大学受験予備校（特に大規模予備校を事例として）について詳述したい。予備校そのものは、明治期の旧制高等学校受験で浪人生が急増し始めた 1897（明治 30）年以降開設されており（全国予備学校協議会，2020）、我が国の高等教育の発展とともに教育システムを補完する役割を担ってきたことも事実である。他方、教育制度上の一条校ではなく、専修学校（学校教育法第 124 条で第 1 条に掲げるもの以外の教育施設としている）や、各種学校（学校教育法第 134 条で第 1 条に掲げるもの以外のもので、学校教育に類する教育を行うものとしている）、や株式会社が経営するものも含めて「予備校」と呼ばれている。その収容規模も全国に展開するものから、地域の小規模なものまで多岐にわたる。一部の地域予備校は、全国展開の予備校の系列となり、テキストや模擬試験の提供を受けているところもある。全国展開の予備校は、予備校を運営する各地域の進学校のある駅周辺にサテライト教室を設けるなど、現役高校生へのシフトが加速している。また、都道府県の認可を受けた全国 71 の予備学校による協議会（文部科学省，2020b）が設置され、予備校教育内容の充実向上のための管理職・教職員の研修会や学校制度・入試情報などの収集や伝達など、予備校間の連携が進んでいる。

　そこで、全国展開をする都道府県認可校（専修学校や各種学校）などの大規模な予備校を取り上げ、授業内容から進路指導まで組織内の役割について述べる。予備校において、生徒の進学指導を担うのは主に事務職員であり、講師は授業・模試作成・テキスト作成などを担う。この業務分担が高校とは大きく異なる点である。そこで、予備校の受験指導体制について、事務職員および講師の担当業務の視点から解説する。

〈予備校生の1年間。実は9カ月しかない。〉

　4月の予備校の開講初日、多くの初々しい1浪生の中、教室の後ろに2浪以上の生徒が慣れた雰囲気で陣取っている。予備校にはいまでも多浪生が存在する。

　開講当初は、1浪生のクサナギ君もカトリ君も授業のリズムに慣れるために寝不足気味に頑張っている。1ヶ月も過ぎると、ようやく予備校のリズムもわかってくる。最初の内部模試では2浪のキムラ君が席次1番。そして最初の公開模擬試験。高校生の時と比べても、そんなに得点は上がらない。やはり夏までの学習の柱は、基礎基本のやり直しだ。2浪のキムラ君のようにはいかないらしい。6月にもなると、もう夏季講習の申し込みだ。

　基礎基本のまま夏までかかる科目もあれば、すこし背伸びして具体的な大学攻略の講座もとれるまでになってきた。予備校は本当に休みなしだ。朝から講習を受けて、午後は昼食もそこそこに自習室で1学期の復習や模試のやり直し、もちろん夏季講習の予復習もやらなくちゃならない。

　「来年の夏は遊ぶぞー」と言っていたら、もう9月だ。担任は「夏が受験の天王山」と言っていたが、確かにそうだった。夏休み前には少し心に余裕もあったけど、担任から大学入学共通テストの受験案内をもらうと急に引き締まってきた。

　秋は、とにかく成績を伸ばす大事な時期だ。模擬試験も内部模試、公開模試とも目白押し。でも春からリズムよく学習計画を立てやってきた。模試の偏差値も1年前の高3の秋の時期と比べたら格段に伸びてきた。時々担任と面談をして、学力チェックをし、志望校も絞り込みを始める時期に近づいていた。

　11月の初旬、予備校で隣の席のヤマシタさんが総合型選抜で先に大学合格を決めたらしい。第一志望校だから、もう予備校には来ないとのこと。当然か。もう悩んでいる暇やうらやましがる暇もない。頑張るだけだ。

　12月の担任との面談で、国立大学も私立大学も志望の学部で、「この調子で頑張れ」と言われた。世間はクリスマスにお正月らしいが、大学入学共通テストも2週間後に迫っている。そろそろ、夜更かし型から朝ぱっちり目が覚めるように、目覚ましを3つ枕元に置くようにした。

　共通テストまで1週間。もう自習室も廊下も静まり返っている。廊下で担任と目が合っても、アイコンタクトのみで自習室にこもる。共通テスト前日の金曜日は、早めに夕食をとって、明日の朝のことを考えて、その日中に布団に入った。

　共通テストは、とにかく目の前にある試験問題とマークシートに集中した。休み時間に答え合わせをするなと担任に言われていたので、終わった試験は振り返らなかった。休む間もなく共通テストが終わった夜から私立大学の過去問対策を始めた。月曜の予備校の教室は、悲喜こもごも。「できた」「できなかった」のオンパレードだ。採点をして、シートに記入して担任が回収した。あとは、私大の過去問、とりあえず予定の国立大学の個別対策を始めよう。あとは、2月前半は、遠方の私立大学も受験するので、予備校に来るのは1月いっぱい。卒業式もない1年間の予備校生活だった。

　……私大第一志望合格。ほっとした。2月25日国立大学一般選抜前期日程。とにかく落ち着いて答案に向かった。4月予備校生活の努力は報われた。晴れて第一志望の国立大学生だ。

2) 予備校の指導力
① 予備校の組織形態
　「第一志望の大学をめざす」という意味においては、高校も予備校も学習や進路指導の根本は同じである。「共通テストで○点取れたら、前期日程はA大学にチャレンジしようか。でも後期は2浪しないためにもB大学で抑えておこう」など、模擬試験などの結果を参考に綿密な進路指導が行われている。高校との決定的な違いは、とりわけ大手予備校では教科指導は講師で進路指導（担任業務）は事務職員と役割を分けている点である。「教科も教えて進路指導も行う」といった高校教員の大半の業務パターンとは一線を画す。
② クラス分け
　予備校と高校の学習指導の違いは「習熟度別カリキュラムの徹底」であろう。ある予備校では「所属クラス（○○大学理系）」と、「教科の学力（テキストクラス）」に分けた授業が進められる。例えば、同じ国立大学理系クラスに在籍している生徒でも、所属クラスや生徒の学力によって受講するテキストが異なる。あるいは同じテキストを使用しても扱う問題が異なる場合もある。これは4月の入学時に学力テストを行い、その結果等を判断材

料にして授業の編成が組まれている。もちろん、どのクラスに在籍していても、あるいはどのテキストを使用してもレベルはそれぞれ高まっていくので問題は無いが、「より上の（成績の）クラスに入りたい。難しい授業を受けたい」といった生徒には、秋の新学期前に再度同様の学力テストが行われるため、その生徒の学力が認められた場合は上位テキストを用いるクラスでスタートができる、これらは高校が模倣できないきめ細かな授業編成といえよう。

（2）　予備校事務職員の役割

1）　生徒指導

　進路指導を担っているのが教務を担当する事務職員と担任を担当する事務職員である。表2-5はある予備校の1年間の進路指導スケジュールで、担任業務を行う事務職員の主な業務は①〜③である。

　「①受験指導・準備」では大学・学部情報の収集や、模擬試験の分析結果などから地域や学部系統別の志望者動向の把握、さらに入試に関する情報（募集人員や入試科目の変更など）を踏まえて、担当する生徒の進路指導に役立てている。

　また「②学習指導」では、週に1回で行われるLHR（ロング・ホームルーム）を活用して、効果的な学習方法を伝えたり（予習復習の仕方など）、あるいは適時入手する入試情報を配付したり、学習と入試に関する情報提供は適時行っている。このほか、長期休暇中の特別講座の受講方法や共通テストおよび大学への出願方法など費用や手続きが必要な情報についてもその都度連絡を行う。高校のクラス担任と異なり、1クラスで100人から300人近くを担当する場合もあるため、担任は資料配付やアナウンスの際に極力生徒の顔と名前を一致するよう努力している。

　さらに頻繁に面接を行い、生徒への学習・進路指導の機会を確保している。

　「③進学相談・生徒指導」ではレギュラーとして年に3〜4回以上の個人・三者面談のほか、気になる（学力不振・進路への悩み）生徒には個別に面談を行っている。そのほか、保護者対象の講演会や寮生・下宿生を対象に激励会を

表2-5　一般的な予備校の年間スケジュール

	① 受験指導・準備	② 学習指導	③ 進学相談・生活指導
春季：4月～7月	入試結果把握 志望大学調査 大学別入試要項発表	学習ガイダンス 入試結果概況説明 総合型選抜入試情報	個人面談
夏季：8月	総合型選抜書類作成指導	春季復習学習指導	保護者講演会 私立大学入試説明会開催 寮生・下宿生激励
秋～冬季： 　9月～12月	大学入学共通テスト出願 出願準備	秋季学習計画指導 模試受験本格化 入試動向分析提供	個人面談 私立大学一般入試説明会
年末・年始			受験校決定面談 三者面談
共通テスト後	出願校決定調査	共通テスト自己採点	共通テスト結果相談会 入試激励 私立大学3月入試相談会

開催するなど、さまざまな企画を行い生徒（保護者）にアプローチして第一志望校合格へのサポートを続けている。

2）入試情報の収集・分析・動向予測

事務職員の業務は生徒指導にとどまらない。入試情報の収集や分析も重要な役割である。国公私立大学の入試動向の分析結果や収集された情報は、担当する生徒一人ひとりの希望進路に基づきまとめられ、SHR（ショート・ホームルーム）やLHR等を通じて提供される。また予備校全体で独自に収集された情報等は、全担任が情報を共有することはもちろん、全生徒にむけてもわかりやすくプリントにしてまとめ配付される。

なお、これら予備校において収集・分析された大学情報は、高校にも伝えられる。予備校も大学同様に、生徒募集を行っているためである。浪人生として預かっている生徒の学習状況の報告や志望大学についての成績状況を報告するとともに、その高校がめざしている国公私立大学群についての動向分析や入試情報の提供は新たな予備校入学者の獲得のための重要な情報となっている。

入試情報のうち収集しているものについては大きく4つある。1つ目は各大学に対して、アンケート調査を定点実施し集約するもの、2つ目は個々の大学

のホームページをはじめ大学が公表したり、直接取材したりして情報を集約するもの、3つ目は高校教員の協力の元、前年度模擬試験受験生の大学受験結果を集約するもの、これらと、公開模擬試験の志望動向を含めて、入試動向を分析している。もちろん首都圏などの大都市圏では私立大学の入試日程が重複することも加味して受験生動向分析を行っている。さらに、当該年度の共通テストの個人採点結果を集計した国公立大学の一般選抜動向予測や私立大学の共通テスト利用入試動向予測は、多くの高等学校が利用し、1月下旬の短期間の受験校決定の重要な資料となっている。動向予測について、このように年間を通じて収集している情報を合わせて分析を行っており、その信頼度は高い。

3)　保護者への対応

①　保護者への情報提供

　保護者は受験生の大学選択に多大な影響を与える[3]。そのため、家庭内での受験に向けたサポートが重要となるのであり、そのためには保護者が正確で最新の大学情報の把握しながら、子ども本人の将来の進路(学部系統、具体的な職業像)についての家庭での相談などを行うことが必要となる。そこで、保護者会や保護者面談の機会を通じて、さまざまな大学に関する情報を提供している(表2-6)。

　大学情報の提供は、主に①大学・学部情報、②国公私立大学の進学のための経済事情に分けられる。大学ごとの偏差値難易度、キャンパスへのアクセス、就職状況(出身地に戻れるか)などの情報が中心となり、仕送りの標準額、奨学金、学生寮、生活費、アルバイト等、国公私立大学別や所在する地域ごとの経済事情も提供する。

　第一志望の大学の情報のみならず、志望校レベルとして考えられるその他の大学の情報も必要となる。併願の大学群は、保護者がこれまで考慮していなかった大学も多く含まれるため、基本的な情報の提供が必要となる。第一志望校以外の大学については、情報を受け入れない保護者も当初は存在するが、多浪の可能性を考慮し、大多数の保護者は、多くの大学の情報を積極的に受け入れるようになる。このように併願校の選定においては、偏差値だけではわからない細かな大学情報が必要となる。

表2-6 保護者への情報提供時期と情報内容

情報提供時期	情報内容
前期中 （4月～7月）	前年度入試結果の概況から個別大学結果分析および1年間の指導方針等の説明（各大学はこのタイミングにさまざまな情報を予備校に提供しておくと、保護者に直接伝わる。）
夏・秋 （8月～11月）	前期成績結果による保護者面談 第一志望校と同レベルの志望校ゾーンの大学を保護者に対し提示する時期。保護者に個別大学名が伝えられ、併願校に組み込む準備が行われるようになる。
冬 （12月中）	受験校決定の保護者面談。国公私立大学の受験種別や日程等についての詳細な情報の提供。（11月実施模試結果とともに、最終の受験校カレンダーを作成する時期であり、私立大学の併願校情報が提供される）
年明け （共通テスト後）	国公立大学の出願校の最終決定を行う。また、私立大学の2月当初の入試については冬の保護者面談で出願校を決定するが、2月後半から3月入試を受験する場合にも面談が実施される。

※毎月の成績結果と受験情報を送付する予備校もある。

② 保護者のタイプ

　インターネットで「受験生の親のタイプ」と検索すると、全国の塾や予備校から多数の事例が出てくる。過干渉や放任型など表現はさまざまだが、予備校勤務の経験が長い筆者からみてもうなずけることが多々ある。また、大学に転職後も進学相談会等で遭遇する「親子で相談」の場合は、「質問するのは親ばかり」のケースも少なからず発生する。思わず「どちら様が受験されるのですか」と聞き返したくなるほどである。これは概ね大学受験を経た予備校生の保護者でもさほど変わらない。とりわけ大学受験を経た予備校生の場合、目標を持っている生徒はおのずと伸びる傾向にあるので（丹羽・服部，2005）、それ以上の保護者からの口出しは不要である。

　ネット情報や筆者の予備校での勤務経験からふり返って、大学受験生の保護者はタイプとして概ね三段階に分けられる。両極端なタイプとして「まったく何も知らない（知ろうとしない）・子ども（あるいは予備校）に任せる」または「子ども（受験生）以上に受験に詳しく、あれこれ口出す」、そして

その中間タイプである（もちろん、中間タイプが最も多いがどちらかに寄っている）。一般論として前者が学力等の伸びが高まることは大方間違いないといえるが、これには前提がある。小中高校時代の「子どもの接し方」において積極的に関わってきたのであれば、ある程度はサポートした方が良い。これまで何かと口出し（度を超えたサポート）をしてきて、いきなり大学受験になって手を引かれるのでは「いつ（お節介が）始まるか分からない」と子どもも落ち着かなくなるか、案外頼っていたため（お節介に慣れていた）いきなり放任されると無目的になって学力の伸びが鈍る可能性も否定できない。

4）　高校対応

高校とのコミュニケーションは、次年度の予備校生確保の重要な取り組みである。予備校生として預かっている高校卒業生の予備校での成績状況、最終の大学入試結果まで報告を行っている。また、大手予備校においては、実施する公開模試の利用促進も重要である。模試実施後は、模試結果についても個々の高校単位の成績分析資料を提出するとともに、予備校が独自で分析した大学動向資料などが提供される。このような受験情報のみならず、教学面でのサポートも行われている。春季、夏季などの休みの時期を利用して、予備校専任講師による教科・科目の指導方法のノウハウの提供が行われている。

　高校への情報提供については、設置別・進学実績別（公立高校トップ進学校、公立高校準進学校、公立高校、私立高校トップ進学校、私立高校準進学校、私立高校など）に提供する情報や方法もおのずと変わってくる。特に私立高校の場合、経営に直結する卒業生（予備校生）の大学合格予測が最重要であり、毎月あるいは毎週に近いタイミングで情報交換が行われている場合もある。当然予備校主催の模試受験も高校３年生以外の、１・２年生の段階から利用し、成績結果も将来の大学受験への予測や、さらに教科・科目ごとに、全国平均や高校内平均について細かく分析を行うなど、高校内の指導に利用されている。

　また、高校からの進学講演会の依頼も多い。対象も生徒、保護者、高校教員とさまざまである。生徒や保護者の場合、文理選択、大学入試の仕組み、国公

私立大学の違いなどがテーマとなる。また保護者限定で実施されるのは、大学受験の経済学など、家庭による受験生支援が主なものとなる。大学と異なり、特定の大学の内容に偏った講演にならないことも予備校に大学進学に関する講演を依頼する理由である。なお、高校教員への講演については、生徒・保護者と同じ内容もあるが、教科科目指導方法など予備校講師の専門性を活かしたテーマで行われ、時には有料開催の場合もある。

（3） 講師の業務と取り巻く環境

　講師の業務は、①教科指導、②テキスト執筆、③テスト作成、④参考書・問題集執筆の4点に大別される。担当する教科に関する指導が中心となる点が高校とは異なる大きな点である。以下は、業務の内容と業務を取り巻く環境である。

1） 教科指導：カリキュラムの作成と実施（授業担当）

　4月から1月の共通テストまでの短期間に個々の生徒の志望校に対応した教育を行うために、各教科・科目ごとに厳格な方針を前年度の秋には構築している。方針に従い、通常学期テキストを執筆し、テキスト内容に合わせて定期的な非公開内部生用の模試を用意する。このテキストと内部生用の模試を両輪とすることで、年間のカリキュラムの柱ができることになる。授業実施についても、専任講師が他の講師陣に年間カリキュラムに従った指導計画を示すことで、校舎・教室に関係なく、同一の進度が担保されるのである。

　予備校による生徒への学習指導で一番の要は、売れっ子の専任講師であることは、今も昔も変わらない。そのため、浪人となった受験生は、有名な講師の授業を求めて、都会の予備校をめざしたものである。しかし、近年の少子化と大学数の増加とともに、現役高校生を取り込む予備校が増えており、中心の都市部に構えていた大きな校舎の予備校から、その周辺都市の駅付近に「サテライト」「教室」の名称で、専修学校、各種学校の認可外となる施設を用意して、放課後の高校生が学ぶ環境を用意しており、そこでは、人気講師の授業をオンラインで受講できるようにもなっている。

　これら教室は、基本的には事務職員を配置しているが、予備校によっては大

学生のアルバイトで運営を行っているケースもある。また、各地方都市の地元の塾経営者がフランチャイズ制で大手予備校の衛星教室としてオンライン授業を配信しているケースもある。このような衛星教室は、個人経営等のため他の教室もライバルとなるのであり、自教室で入手した情報を他教室と共有することが少ないことが考えられる。

　また、高等学校に対しても有料配信を行っている。地方の高等学校にとっては、大手予備校の専任講師クラスの授業を高等学校の教室や PC ルームで聴講できるメリットがある。実際高等学校のホームページで予備校の放送授業を利用していることを生徒募集のための宣伝材利用にしている学校も見受けられる。

　2）　テキスト執筆

　テキストは、各教科、科目別に志望校別傾向対策、分野別強化、設問形式対策別に分類されており、生徒の希望進路に合わせ、無駄なく学習できるようになっている。市販の問題集や参考書を利用する必要のない、入試問題の攻略すべきポイントを考えながら成績を上げることのできるテキストが志望校レベルに応じて用意されている。これらのテキストは、春学期と秋学期では内容が異なる。春学期では基礎基本の確認と学力定着に力点が置かれる。そして秋学期になると、春の蓄えとともに、志望校レベルに応じた難易度のテキストを基に指導が行われる。また、講師が執筆した予備校グループ内の出版部門（出版社）で発行している市販用問題集、参考書を入学当初から予備校内での副教材として配付することで、生徒の自主性に任せた学習も促している。

　3）　テスト作成

　予備校における模試には 2 種類ある。第 1 は当該予備校生以外でも受験することができる公開模試であり、第 2 は所属する予備校生のみを対象とした非公開の内部テストである。公開模試には、翌春の大学合格をめざす浪人生、高校 3 年生対象とする場合、具体的な志望校について学力偏差値に応じた合格可能性の判定を出し、受験後の学習の指針とするものとしている。一方高校 2 年生や高校 1 年生を対象とするものがあるが、こちらも志望大学による合格可能性の判定を出すものの、あくまで高校の途中段階での学力到達度を見るための

試験である。どの模試についても、公教育における学習指導要領に基づいた教育内容から出題を行うことが重要視されており、新課程入試の前年度の模試については、その内容を注視する大学すらある。

　公開模試は、かつては教育出版社系の模試が多くの受験生を集めていた。近年は、予備校や教育産業（通信添削会社等）あるいは、その両者で協働実施する模試が主流を占めている。公開模試は、単に生徒の受験動向や結果を予測するテストではなく、数十万人規模の生徒が志望する大学の入試動向を測る重要なデータでもある。また、特定の国立大学、公立大学、私立大学についてはその大学名を冠した模試まで用意されており、地域ごとにさまざまな大学模試が実施されている。これらは、当該大学が私立大学の場合、併願関係にある私立大学の合格判定を合わせて出す模試もあるので、同一系統学部を持ち、併願レベルとなる私立大学の情報も予備校から受験生に提供される模試である。

　一方、予備校内部の生徒は、この公開模試に加えて、非公開の内部テストの成績により細かな成績分析が行われている。この内部テストは、各コースの学習カリキュラムに沿って学習習熟度を測ることが主眼となっている。テキストと連動して各講師による授業進度の統一と、生徒の理解度の状況をチェックするための内部生専用の非公開の模試がある。テキストと連動していることから、テキスト執筆講師が作成を担当する。このテストについては多くの予備校が門外不出としており、テキストとともに予備校の指導の要となっている。また、全国展開の各校舎のコース単位で成績優秀者を校内で顕彰し生徒のやる気を引き出す役割も持っている。生徒個々の科目別だけでなく、大問・小問単位の成績結果や、マーク型のテストでは、適当にマーク解答した場合、誤謬率（ごびゅう）として数値化・グラフ化し、全データ可視化し、個々の生徒に対し学習伸長を促すとともに、職員による学習指導が行われている。

4） 参考書・問題集の執筆

　一連の予備校生を主眼とした、テキストやテスト作成と併せて、予備校グループ内の出版部門や教育系書籍を発行する出版社から講師はさまざまな書籍を出している。例えば、大学ごとの過去問に関する解答解説集や、これまでの大学入試センター試験の解説参考書や大学入学共通テストの予想問題集は、お

おむねグループ内の出版部門から発刊している。一方で、教育系書籍出版社から問題集や参考書も出している。これらのうち、グループ内から出している書籍については、予備校内での副教材として配付し、生徒の自主性に任せた学習も促している。

| コラム | 専任講師は東奔西走　新幹線の中で、次の校舎の授業準備 |

　専任講師の場合、全国に授業の担当校舎も多く、教室にいるか、新幹線乗車中かという講師もいる。授業も単に教えるだけなら有名大学の博士号を修了した若手の非常勤講師でも教えることは可能であるが、教えているだけであることが多い。有名講師の場合、生徒から出るさまざまな質問に瞬時に的確にこたえられ、質問をする生徒がどんなふうにわからないのかまで理解し把握して指導ができる。大学受験に対しあらゆる問題群を網羅的に理解しながらも、目の前にいる一人の受験生に対しても的確な指導ができる講師が生徒から絶大な信頼を得ている。

注

1)　進路保障の漢字表記については、広崎純子（2007）の論文に見られる「保障」と千葉勝吾ら（2007）の論文に見られる「保証」の二通り存在している。それぞれの意味を見ると、「保障」は「障害のないように保つこと。侵されたり損なわれたりしないように守ること。例文：人柄を保証する。」、「保証」は「大丈夫だ、確かだとうけあうこと。例文：老後の生活を保障する。」（『広辞苑（第七版）』（2018））とある。本稿では、例文から、進路については「保障」がより近い意味合いがあると考え「保障」の表記を使用した。ただし、引用文については引用元の表記を使用している。

2)　「C 判定」、「D 判定」などの判定ラインにおける合格可能性（％）は、受験産業によって異なる。「C 判定」はおおむね 40 ～ 50%程度、「D 判定」はおおむね 20 ～ 40%程度の範囲内となっている（「1（7）進路指導部の役割」を参照）。

3)　進研アド「高校教員が勧める大学とは」（「Between」2020 年 5-6 月号 pp.16-17。）より、「高校生が進路決定する際の相談役」として母（2 位）、父（4 位）と上位に順位づけられた。

第2部

「高校・予備校」との
コミュニケーションを考える

　第2部では、大学と高校および予備校とのコミュニケーションについて事例を紹介しながら考察を行います。コミュニケーションにはWEBやメディアなどを使用した大学発信情報によるコミュニケーションと、大学構成員による人的コミュニケーションがあります。

　第3章では、大学が発信する情報について、ブランドの視点から考察します。受験生は自身の価値観に基づき大学を選定します。すなわち、大学の価値決定は受験生（入学者）が行っているといえます。そこで、在学生が自身の経験から必要と考える大学広報内容の抽出の取り組み事例を紹介します。

　第4章では、高校および予備校とのコミュニケーションについて考察を行います。とりわけ、高校訪問や高校教員対象進学説明会などの実施について詳述します。

第3章
大学ブランドの構築と管理

　本章では、大学が受験生に対してどのような情報を発信すべきなのかについての検討を行う。また、発信した情報の受験生への浸透度や、発信した情報と受験生が必要としている情報の一致度を評価し、改善していくことも重要である。

1. 大学のブランド

（1） 差別化をもたらすブランド
　ブランドには、商品や企業につけられる名前やロゴのみならず、そこから「連想される意味」も含まれる。この「連想される意味」が消費者に安心や信頼を与えるのである。
　従来、ブランドとは、自社あるいは自社が提供する製品やサービスと、競合他社あるいは他社が提供する商品やサービスを差別化するために用いられる名前やシンボルとして捉えられていた。しかし現在では、適正な管理を行うことで企業に長期的な利益をもたらす資産として捉えられている。ブランドは単なるネームやイメージではなく、顧客に好ましいイメージを持たせることで消費者に選好される、他社との競争優位性を持つことができるものとして考えられるようになったことから、企業は自社のブランドを消費者にどのように知覚して欲しいのかについて着目するようになったのである。
　Arker（1996）は、製品・組織・パーソナリティ・シンボルの4点からブラ

ンドのアイデンティティが構成されると述べる。「製品」とは製品特性などに関連したイメージである。「組織」とはブランドを持つ企業のイメージであり、「パーソナリティ」とはブランドの持つ個性、そして「シンボル」とはビジュアルやイメージである。これらを組み合わせ消費者に示すことで消費者の心の中にブランドのイメージが形成されるのであり、理想的な連想の集合（田中，2015）というべきものである。したがって、ブランド化とは自らの商品サービスが「なにもので」あり「他とどう違うのか」ということを表明すること（和田，2002）であり、一定レベルの品質を保証する（Kotler・Keller，2006）ことから、ブランド化を行うことにより自らの商品サービスを競争差別化し競争優位を築くことができる（和田，2002）。

　なお、企業間での模倣により商品やサービスが同質化していくことで、各企業が提供する商品やサービスの差別性が失われることをコモディティと呼ぶ（田中，2015）。コモディティ化した商品は他社商品との差別性がなく価格競争に陥りやすい。価格競争に陥ると、原料費などの固定的な費用の削減が困難なことから人件費の削減で対応しようとする。しかし、賃金カットなどを実施すると、社員の勤労意欲の低下や熟練した社員の流出を招き、商品の品質や生産性が低下するようになる。そこでコモディティ化に陥らないための手段として注目するのがブランドである。ブランドにより意味づけされることで、たとえ類似した品質であっても消費者の心の中に他社の製品やサービスとの明確な区分けが行われるのである。

　大学においてもブランドは持続的な競争優位性を生み出す（Palihawadana・Holmes，1999；Brewer・Zhao，2010）。例えば、医学部や教育学部など、同じ系統分野のカリキュラムは、学位取得や資格取得のために履修すべき科目群が定められていることや、取得する免許・資格は同一であるために、おのずと類似したものとなる。そのため、ブランドにより他大学との差別化を図ることが必要となるのである。

（2） 大学ブランドの生成

　大学のブランドがどのように創られていくのかについて検討を行いたい。

　田中（2015）は、ブランドは組織文化を反映するものでなれば、なかなか根付かないと述べる。例えば、信頼性に欠ける企業が「信頼性」をうたっても、外部にも内部にも共感を得ることができない。まずは組織内部にそのような文化や価値観が共有されているのかを確認すべきであろうと指摘する。すなわち、企業理念や創業の精神などが中心概念となり、その概念から生み出された商品等がブランドを作る要素となる。また、ブランド要素は1つではない。複数の要素がブランド要素となることで、強固なブランドが構築されていくのである。

　しかし、これまで企業内部には存在しなかった要素を外部からいきなり持ってきてブランド要素として据えても、それはなかなか定着しない。これまでの優れた実績や理念などと合致させることで違和感なく受け入れられるためである。

　図3-1は、筆者が作成したブランド構築の概念図と大学ブランドの構造図である。このように、大学のブランドは3層から構成される。核となる第1層目にはブランドの中心概念として教育理念（建学の理念や大学モットー等）が置かれる。例えば女子大学であれば「女性の職業人を育成する」などの教育理念がブランド構造の中心概念となる。

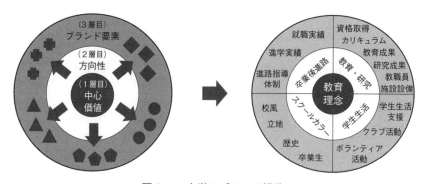

図3-1　大学のブランド構造

出所：陶山・妹尾（2006）を参考に筆者作成

　第 2 層目のブランドの展開方向である。本書では、大学における学生対応の事務分掌を参考に、教務部門・学生生活部門・キャリア部門の 3 部門とその他の 4 方向として、「教育・研究」「学生生活」「スクールカラー」「卒業後進路」の 4 カテゴリーに分類している。このカテゴリー分類については、各大学の状況に合わせ、自由に設定すべきであろう。

　そして第 3 層目にはカテゴリーごとの具体的なブランド要素が配置される。この要素についても図 3-1 は一例であり、大学ごとに独自の要素が配置されるであろう。なお、ブランド要素は中心概念である教育理念と結びつくことで機能するのであり、教育理念と各ブランド要素間のつながりが生まれることで、統一的なブランド・イメージが形成される。例えば、教育理念が「女性の職業人を育成する」であった場合、ブランド要素となる教員や看護師等の専門職を養成するカリキュラムは教育理念と深い関連性を持つことから、外部にも内部にも共感を得るものとなる。そして、これらの合格率や就職率もブランド要素として機能する。

　このように、それぞれの大学が持つ教育理念と関連付けられた"強み"がブランド要素となる。例えば、第 1 層目の教育理念を"職業人の育成"と規定する大学であれば、第 2 層目の卒業後の進路のカテゴリーに分類した「就職実績」や、教育研究カテゴリーに分類した「資格取得」などをブランド要素とすることができる。なお、これらブランド要素を機能させるためには、「進路指導体制」や「カリキュラム」などの活性化が必要となるであろう。このように、教育理念から派生したブランド要素は大学内の教職員や学生にとっては違和感なく受け入れやすい特長となり、また外部には統一されたイメージでの訴求が可能となる。

　このようなブランド要素が多いほど総合的なブランド力を持つ大学となるのであり、早慶などの有名私学は多くのブランド要素を持つ総合的なブランド力を持つ大学となる。「○○大学であれば、どこの学部でも構わない」などの受験生の評価がその現れである。

　一方、中堅・小規模大学はブランド要素が概ね少なくなりがちであり、特定のブランド要素でのブランド化を行うべきである。例えば、金沢星稜大学（石

川県）は公務員の就職実績、岐阜聖徳大学（岐阜県）は教員採用実績、国際教養大学（秋田県）や梅光学院大学（山口県）は国際関係への優れた実績などが大学のブランド要素として有効に機能しており、円滑な学生募集活動に寄与しているのである。

　ただ、1つのブランド要素でのブランド化は、学内の意思統一に難しいという課題を持つ。複数の学部学科から構成される大学で、1つの学問系統のみをブランド要素とした場合、他の学問系統の教員からの反発が予想されるためである。学内からの批判が強ければ、不満を持つ教職員が外部にネガティブなクチコミを発信などが起きるであろう。そのため、学内で繰り返し充分な協議を行うことで理解を得ることや、共通的なカリキュラムや就職体制など全学的に共通する要素をブランド化することなどが必要となるであろう。

2.　大学の価値は誰が決めているのか？

　大学のどのような要素がブランド要素として認知されているのか、その指標となるのが受験生や受験を経験した在学生の評価である。受験生は、大学が発信した情報と他大学の発信情報とを比較し、その中から自分にとって価値が最も高いと感じた大学を進学候補として選定する。たとえ大学がブランド要素として定め情報発信を行っても、一人ひとりの受験生が、他大学との比較などで構築された自身の基準に照らし合わせて大学の価値を決定しているのである。すなわち、大学は価値の提案を行っているにすぎず、その価値は受験生一人ひとりが決定しているのである。

（1）　価値共創理論に基づく価値の決定者
　この「受験生が大学の価値を決定する」という考え方について、価値共創理論の視点から考察を行いたい。
　価値共創理論においては、企業は製品やサービスを通して価値を提案するのみであり、価値は顧客がそれらを使用する中で決定すると考えられている。すなわち、これまで価値の一方的な受容者として考えられてきた顧客こそが価値

決定を行う主体であり、これまで企業により価値が埋め込まれているとされてきた製品やサービスは、企業が提案する価値の伝達媒体にすぎない。すなわち、企業による価値提案と顧客による価値決定という双方の協働によって価値が創出されることから、価値共創と呼ばれる。

　また、小野ら（2013）は、企業は商品を完全に仕上げるのではなく、あえて「余白を残す」商品を販売していることを指摘する。当初は意図しなかった顧客の用途が生み出され、事後の価値創発につながることを指摘する。すなわち、価値を決定する側である顧客は、企業の提案した価値を提案通りに消費するのではなく、自身の興味関心に合わせてカスタマイズしているのである。そこで、余白を残すことで、顧客の生み出す価値をより増加するようにしているのである。そして企業は、顧客が新たに生み出した用途をリサーチし取り込むことで、製品やサービスの改良や開発を行い、新製品として顧客に提供する。このように、顧客が決定する価値と企業が提案する価値は、企業と顧客に相互影響することでスパイラル上に向上していく。

（2）　大学の価値を決定する在学生や受験生

　この価値共創理論に基づくと、大学における教育や研究・学生生活などの価値は、大学側はあくまでのも提案を行うのみであり、その価値は受験生や在学生が決定すると捉えられる。

　受験生や学生は、大学が提案する価値すべてを認識するわけではない。大学が優れた資格取得プログラムを整備しても、大学が取得を支援する資格に興味を持たない受験生や学生にとってはあまり価値がないものになるであろう。興味のない分野は受験生にとって「価値のない」ものとなるのである。

　また、受験生や学生は、大学側がこれまで想定していなかった新たな価値を創出している。例えば、高知大学では、留学生1名に対し1～2名の日本人学生が、来日したばかりの日本語や日本での生活に習熟していない留学生へのサポートを行うチューター制度を整備している。これは、留学生が高知大学での生活に早く馴染むことができるようになることを目的としたものであるが、彼らのコミュニケーションには母国語ではなく主に英語が用いられていたこと

から、意思疎通が充分に行えないケースがときどき起こっていた。そこで、コミュニケーションをより円滑にするために留学生と日本人学生たちが集まって英会話サークルを組織化するようになったのである。これにより、担当以外の留学生と日本人学生との交流の輪が広がっていき、サポートする日本人学生にとっては、英語力の向上および多様性を持つ留学生との貴重な交流の場となったのである。

　大学が提案する価値と受験生や学生が実際に知覚する大学の価値には差異が生じることや、大学が想定しなかった新たな価値を学生や受験生は創出することが起きている。そこで、「大学の価値は受験生や学生たちが決定している」と捉え、大学が発信した情報がどのように受け止められているのか、またどのような情報を受験生が必要としているのかを定期的にチェックし、発信する情報の見直しや改善等に取り組むべきであろう。

3.　大学が発信する情報の選定と管理（2大学の事例から）

　大学によるブランド構築と発信する情報の管理について、岩手大学および高知大学の事例から考察する。

　岩手大学における事例は、先述の「大学のブランド構造」を用いたブランド要素の抽出と、入学者アンケートを活用したブランド要素の受験生への認知度の評価、そして次年度の対策を示したものである。また、高知大学の事例は、在学生が大学の学生募集広報内容を検討するワークショップを実施することで大学が訴求すべき広報内容や受験生が必要とする広報内容の抽出を行い、次年度の広報に反映した事例である。

（1）　アンケート調査

　これまで、学生募集広報活動の評価・改善を行うために、受験生や学生の意見を収集する主な方法として用いられてきたのがアンケート調査である。アンケート調査とは、社会のさまざまな分野で生じている問題を解決するために、問題に関係している人々あるいは組織に対して同じ質問を行い、質問に対する

回答としてデータを収集し、そのデータを解析することによって、問題解決に役立つ情報を引き出していくという一連のプロセスである（辻・有馬，2004）。

　すなわち、アンケート調査は事前に定められた課題に対して仮説を立て、関係している人々（あるいは組織）の集団についての全体的な傾向に関する情報を得ることを目的としている。このような課題に対する仮説に対しデータを収集する方法（仮説検証型手法）は、事前に立てた計画に基づき研究を進めることができる確実な研究方法である。しかし、事前に立てた仮説の検証が目的となるため、既存の枠組みを大きくブレイクスルーするような理論を発見する確率はおのずと低くなる（横澤，2013）。

　したがって、アンケート調査は入試や広報担当者がこれまで実施した広報内容の検証には有効であるが、広報担当者がこれまで気付かなかった新たな広報内容を発見することには不向きであるといえよう。

（2）　ワークショップによる調査法

　一方、ワークショップは仮説生成型の研究手法である。もちろん、仮説生成型の研究手法においても実施する前におおよその問いは持っているが、それらは研究の中で大幅に修正され、新たに立て直される。データ収集・分析の進行につれて変化し、素朴な問いから理論的な発見が導き出されるのである（箕浦，2001）。

　ワークショップでは、同じ場に集まり、話し合いや共同作業を行うなどの経験を共有することにより、現状や新しいものの見方などを知り、互いの立場の違いや、それぞれに異なる考え方や生まれる背景を理解し合うプロセスをもつ。そして、共有できることや相容れないことを確認しながら、社会を共有するものとしてとるべき道筋を選択する。さらに選択された事柄に対し、自らが主体となって実践していく動機を高めるという役割をもつ（善積，2009）。

　またワークショップとは、PLA（Participatory Learning and Action：関係者が参加し、学び、自ら自分たちの環境を変えていくために活動する）に基づくものである。そのため、「気づき」や「学び」が重要であり、一人ひとりの「考え」や「願い」をまず知ることから始められる。はじめに参加者一人ひ

とりが自分で考える時間を持ち、後のグループ・ディスカッションで共有し、議論につなげていく。グループ・ディスカッションにおいて一人ひとりの意見を集約・整理することで、その後の実践につながる知見を発見していく（平山，2006）。

　このように、ワークショップでは参加者が主体となり、参加者の経験をグループ内で共有しながら議論が進められることで新たな知見が発見される。

　価値共創理論の文脈に基づくと、学生や受験生が学生募集広報内容についてワークショップ形式で議論することで、これまで価値提案を行う側の大学に担当者には気付かなかった、受験生が知覚した価値や必要とする新たな広報内容を発見することができるであろう。

（3）岩手大学の事例

　以下は、国立大学法人岩手大学におけるブランド構築とアンケートを用いたブランド要素の管理の事例である。ブランド要素の抽出およびブランド要素の受験生に認識されているのかの調査、そして次年度広報への反映という、いわゆるPDCAサイクルを毎年回転させ続けることがブランド管理には重要となる。

1）岩手大学のブランド構造

　国立大学法人岩手大学は岩手県盛岡市に所在する、人文社会学部・教育学部・理工学部・農学部の4学部からなる総合大学であり、大学モットーは「岩手の大地と人と共に」である。日本で最初に開校した高等農林学校を前身に持つ農学部は、県内に広大な実習・実験施設を有するなど、大学の校地面積は全国8位の規模を持つ（朝日新聞社出版，2015）。

　また、東日本大震災の被災県に所在する国立大学として、震災復興を始めとした地域貢献への取り組みには定評があり、COCやCOC＋などの地域創成推進事業に採択されている。全国の4年制大学を対象とした地域貢献度ランキングでは全国7位（日本経済新聞出版社，2015）、県内企業との共同研究を行う教員も多く研究数は全国3位（朝日新聞社出版，2015）である。学生の卒業後の進路状況も堅調であり、特に公務員等への就職者が全体の約40％を占める。そして、「地域の課題は世界の共通課題である。岩手の課題を解決する

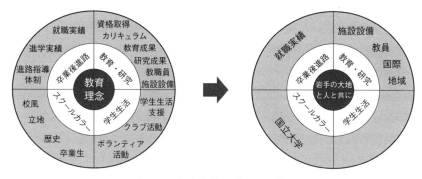

図3-2 岩手大学のブランド構造

ことは世界の課題を解決することにつながる」と地域と世界を結び付け、国際的な活動にも力をいれる。

　これらの特長から、岩手大学入試センターにおいては、受験生に訴求する岩手大学のブランド要素として「国立大学」「施設設備」「教員」「地域」「就職実績」「国際」の6点を抽出した。これらのブランド要素は、地域の国立大学として、また公務員など地域に貢献する人材の輩出、教員の研究による地域への貢献、地域に広がる施設設備、地域での成果が世界に貢献するなど、中心価値である大学モットーと密接に関連を持つものであるといえよう。

　2）　入学者アンケートによるブランド要素の評価

　受験生や入学者は、大学が行う学生募集広報活動の受け手であり良き評価者であることから、彼らの評価を真摯に受け止めることは大学が発信するメッセージやコミュニケーション方法の改善の大きなヒントとなる。

　岩手大学入学センターにおいて定めたブランド要素である「国立大学」「施設設備」「教員」「地域」「就職実績」「国際」の6点が、実際に受験生にどの程度知覚されているのかについての調査を行うために入学者アンケートを実施した。この入学アンケートは、入学手続書類に同封し、入学手続書類と共に受験生から送付される。したがって、入学前の大学への印象等について調査を行ったものである。

　「受験理由」および「当てはまる項目」の結果から「国立大学」と「地域」

表3-1　入学者アンケート結果（岩手大学）

① 受験理由

質問項目	回答率
国立大学だから	77%
専門分野が合っている	38%
センター試験（共通テスト）の結果	36%
学力レベルが適合	27%
オープンキャンパスの雰囲気	13%
資格が取得できる	13%
教育内容が良い	12%
家族の勧め	10%
大学案内の雰囲気	10%
大学院がある	9%
塾・予備校の勧め	8%
就職が良い	6%
学部案内の雰囲気が良い	5%
施設設備が充実	4%
教員が良い	2%
知人の勧め	2%

② 当てはまる項目

質問項目	回答率
学部学科が充実	40%
地域貢献に熱心	26%
歴史や伝統がある	22%
ロゴやキャラクターが思い浮かぶ	22%
ビジョンがある	15%
他大学にない魅力	15%
就職が良い	9%
施設が充実	9%
スポーツが熱心	7%
国際交流が盛ん	7%
資格取得サポートが充実	7%
広報に力を入れている	4%
教員の研究活動が盛ん	4%
教員が魅力的	3%

③ 必要とした情報

質問項目	回答率
卒業後の進路	51%
カリキュラム	37%
学生生活	37%
入試	29%
資格	27%
施設	17%
教員	14%
学費	11%
国際交流	8%

がいずれも受験生の認知度が高くブランド要素として機能していることがわかる。特に、受験理由として77%が「国立大学であること」をあげていることから、多くの受験生に認知されており、岩手大学の最大のブランド要素として機能しているといえる。また、「地域」についても、当てはまる項目において「地域貢献に熱心」と回答した者が第2位（26%）と上位にあげられている。

　一方、受験理由において「施設・設備」をあげた者は4%、また、当てはまる項目においても施設・設備が充実していると回答した者も9%にすぎない。これらから、「施設・設備」については、受験生にはあまり認知されていない状況であるといえよう。

　また、特に課題となるのが「就職実績」である。受験の際に必要とした情報（表1-3）において51%の入学者が「卒業後の進路」をあげているにもかかわらず、受験理由（表1-1）において「就職」をあげた者は6%にすぎない。また、当てはまる項目（表1-2）においても「就職が良い」と挙げた入学者も9%

である。受験生の就職への関心は高いものの、岩手大学の就職実績の良さが認識されていない状況が明らかになったのである。

　このように、「施設・設備」「教員」「就職実績」「国際」については、受験生に認知されていないブランド要素であり、現状では、岩手大学は「地域貢献が活発な地方国立大学」とのみ認識されていることが明らかになったのである。

　そこで、次年度以降の学生募集広報の課題として挙げられるのが、現状ではあまり認識されていない4点のブランド要素の認知度の向上であり、その広報媒体として選定したのが大学案内である。大学案内でデザイン事務所にコピーやデザインの作成を依頼することで、それらを大学HPなどに2次利用することも可能になるためである（ただし、デザイン会社との事前の契約が必要になる）。受験生は毎年入れ替わるため、すでに認知されているブランド要素「国立大学」「地域」を改めて訴求すること、そして、その他4点のブランド要素である「施設・設備」「教員」「就職実績」「国際」の認知度向上対策のための改訂を行ったのである。

　3）　大学案内を用いたブランド要素の認知度向上への取り組み

　岩手大学の大学案内は3部から構成されている。第1部は大学全体の概略説明であり、大学の特長を訴求している。そして、第2部が学部の説明、第3部が就職や学生生活・入試等の説明と続く。大学全体のブランド・イメージとなる各要素は大学の特長となることから、第1部の大学全体の特長で訴求することにした。

　これまでの第1部の大学全体の説明として取り上げてきたのは「国立大学」「地域貢献」「国際交流」「全学共通教育」「融合研究」「環境人材育成」「男女共同参画」「復興振興」の8点である。そこで、「地域貢献」「国際交流」「国立大学」のみを継続し、それ以外の項目は「施設・設備」「教員」「就職実績」のブランド要素に基づく内容変更を行った。

　特に訴求した点が、「地域」と「国際」である。学長が「地域の課題は世界の共通課題である。岩手の課題を解決することは世界の課題を解決することにつながる」とグローバルとローカルの関係性を簡潔に示したことから、これらを中心的なブランド要素と位置づけ、表紙のメインコピーを

"地域が、世界の答えを持っている。世界を変える、一歩をここから"

とした。そして、学長挨拶文や中心的な学びの紹介ページなどで繰り返し「地域」および「国際」を取り上げることで、強く印象づけるようにしたのである。

また「教員」および「施設設備」のブランド要素は、「地域」「国際」に関する教育・研究の環境を支えるものと位置づけることで関連付けした。なお、「施設・設備」については視覚的に理解できるよう数値やイラストによる可視化を図っている。「就職」についても数値化やキャリア教育に関する取り組みの紹介を行っている。「国立大学」については、表紙に「国立大学法人　岩手大学」と明記することで"岩手大学＝国立大学"の認知度の向上を図ることにした。青森大学や奈良大学、福岡大学のように都道府県名がつく私立大学も存在することから、関西圏等遠方の地域では私立大学と間違えられることもあったためである。

以下が、改定した大学案内の第1部の流れと主要なコピーである。

〈第1部の流れと主要コピー〉
■ 表紙（P1）
地域が、世界の答えを持っている。世界を変える、一歩をここから。
■ 導入部分（P2-3）
岩手には貴重な学びのフィールドがある。知識とスキル、行動力を身につけ、世界で活躍できる人へ。
■ 学長挨拶（P4-5）
教育の場を地域に広げることで、学生たちの実践力を育てていきます。
■ 岩手大学ならではの学び（P6-17）
① 岩手で学び世界で活躍する力を身につける
② 地域の課題を自ら体験する。
③ 実践的な課題解決力を身につける。
④ 仲間と一緒に街の課題に取り組む。
⑤ 「会社」を立ち上げ事業運営を実体験する。
⑥ 英語を使って世界に発信していく。

⑦　数字で見る岩手大学　（P18-19）
・地域貢献度ランキング（全国7位）
・教育環境ランキング（校地面積全国8位）
・インターンシップ参加数　　　　・就職率（全体・公務員）

　このように、大学が訴求したい特長（ブランド要素）がどの程度受験生に認知されているのかの確認をアンケート調査などを用いて定期的に行うべきである。アンケート調査はオープンキャンパスへの来場者や入試の受験者、入学者などを対象に比較的簡便に実施できる調査方法である。

　そして、受験生等に認識されている特長と認識されていない特長を把握し、認識されている特長はより強く訴求することで大学ブランドの確立を図ることや、認識されない特長がなぜ認識されないのか、競合する他大学の状況との比較などにより原因を探ることも重要である。

　例え大学側がブランド要素になる特長的な取り組みだと考えても、受験生は、さまざまな大学の比較し検討を行っているのであり、他大学よりも抜きんでていなければ大学独自の特長としては認知されにくい。その場合はブランド要素としての訴求の中止や、ブランド要素として訴求できるように学内での整備を検討することなどの対応が必要となる。

コラム｜目的が曖昧なアンケート調査になっていませんか？

　多くの大学が、受験生や入学者へのアンケートを実施していると思いますが、"報告書作成のためにアンケート"をただ何となく実施している大学も多いのではないでしょうか。（私も経験があります）。実施や回収・集計など、様々な労力やコストを必要とするアンケート調査は、何のために実施するのか、どのようにフィードバックするのかを考えて実施しなければもったいないですね。学生や受験生へのアンケートは、学生募集活動や大学の運営の改善に向けた"宝の山"ともいえます。

（4） 高知大学の事例

　続いては高知大学におけるワークショップを用いた、学生募集広報内容の検討事例である。高知大学では、在学生がグループで大学の良さや受験時の経験などを話し合うことでそれぞれが持つ大学情報を共有した上で、高知大学が受験生に発信すべき情報についての検討を行うワークショップを実施した。

　大学の価値を決定する存在である在学生が、自身が知覚した大学の価値や進学する際に必要とした情報を学生間で共有し、広報すべき内容を検討することで、これまで大学の担当者が気付かなかった発信すべき情報が明らかになった事例である。

1） 高知大学の概要

　国立大学法人高知大学は、人文社会科学部・教育学部・理工学部・医学部・農林海洋科学部・地域協働学部の6学部からなる総合大学である。大学モットーを「Super Regional University」と定め、地域や高知県の自然環境をフィールドとした先端研究が特徴である。

　キャンパスは3キャンパスにわかれ、農林海洋科学部の専用キャンパスには広大な農場や、キャンパス以外にも、海洋生物の研究施設や演習林など高知県の自然環境に基づく実験・研究施設を有する。高知県は国内で有数の地学研究フィールドであり、高知大学では陸と海の両面からのアプローチを行っている。大学では珍しい地震観測所や、海底から掘削した地層の保管庫（JAMSTICとの共同運営）としては世界3大施設と呼ばれる高知コアセンターを設置している。

　また、研究や実験・実習のフィールドは学外にも広がる。地域協働学部では、高知県のさまざまな地域課題に取り組んでおり、1年生から3年生までの実習時間は600時間を超える。少子高齢化や過疎、地域活性化など、高知県はこれから日本が直面するであろう課題がすでに表出している地域である。学生たちはそのような地域に入り込み、地域住民と共に協働してこれら課題解決に取り組んでいる。

　学生の卒業後の進路状況も堅調である。公務員や教員等への就職者の全体の約30％を占め、特に教員就職率は、全国の国立大学の教員養成課程の中で

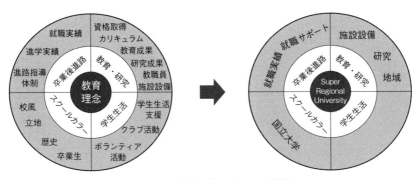

図3-3　高知大学のブランド構造

2019（令和元）年には2位になるなど、例年10位以内を維持している。また、就職未内定者には、高知大学の学生を採用したい企業と未内定者のお見合い制度ともいえる"未内定者マッチング支援制度"を設け、学生が進路に納得するまでサポートを続けている。これらから、高知大学のブランド構造は図3-3の通りとなる。

2）　学生募集広報ワークショップの実施

ワークショップは、共通教育科目「はじめてのマーケティング」の授業の中で実施したものである。当該科目はマーケティングの初学者を対象とした講義であり、マーケティングの基本的な概念の修得を目的としている。講義の中で企業の環境分析の手法としてSWOT分析を取り上げ、実際に使ってみる課題として高知大学の特徴についての分析を行わせたところ、授業後に出席カードを兼ねた授業への感想・質問等を記入する用紙に、「あまり大学のことを知らないので書くのに苦労した」などの高知大学についてほとんど調べずに入学したことを示すコメントや、「他の人がどのように考えているのかも知りたい」などのコメントが複数寄せられた。また、ブランドに関する授業で私立大学を取り上げた際に「高知大学のブランド構築について考えてみたい」とのコメントが多数寄せられたのである。

そこで、これまで学習したマーケティング理論を実際に活用してみる題材として、また高知大学の学生募集広報の再検討という副次的な成果も狙ったものとして、「高知大学の学生募集広報内容の検討」をテーマとしたワークショッ

プを第10週目以降、計6回の授業において各回30分間を利用して実施した
のである。

　グループ分けについては、毎回30分程度の短い時間内での議論を円滑に進
めるために、同一の学部学科や学年を基準に構成しており、1グループ4〜5
名程度、16グループ編成を行った。なお、出身地域をみると県外からの学生
が77％を占めており、大学全体での県外者比率とほぼ同様の状況であった。
また、共通教育科目の性格上、受講者の80％を1年生が占める。

　3）ワークショップの内容

　表3-2はワークショップの内容である。毎回、終了するたびに、担当教員
は授業終了後に提出するコメントペーパーやグループごとのワークショップ
のメモ等を確認し、次回の授業の冒頭に気づいた点についての説明を行うこと
や、ワークショップの運営の改善に努めながら進めていった。

　第1回のワークショップでは学生募集広報の検討対象とする学部学科等を
決定し、各自でSWOT分析を行った。そして、第2回では各自のSWOT分
析の内容をグループで共有した。「他者の意見を聞くことで、これまで気づか

表3-2　ワークショップの内容

	内　　容
第1回	①イントロダクション・自己紹介・役割分担 ②検討事項・広報対象の決定 ③競合校の検討　④SWOT分析（個人）
第2回	①SWOT分析内容のグループでの共有 ②検討事項　・競合校との差別化を図る「強み」とは？・弱みを打ち消す方法は？
第3回 第4回	検討事項 ・受験の時、知りたかった情報とは？　・受験生に伝えるべき特長とは？ ・受験をためらう不安要素と、払拭する方法 ・進学に関して知りたかった情報 ・ためになった情報　・情報の入手方法 ・進学に関する相談者の大学評価の視点
第5回	これまでの振り返り・まとめ
第6回	まとめ・レポート作成

なかった高知大学の良さを知ることができた」などの成果がみられたが、一方で「広報内容の創出までもっていくのは難しい」との運営への不安も複数寄せられた。そこで第3回および第4回では、SWOT分析の内容をより深められるよう「受験の時、知りたかった情報」「受験生に伝えるべき特長」「受験をためらう不安要素と、払拭する方法」の3点のテーマについてメンバー各自の受験時の経験をグループ内で共有した上で議論を進めることにした。第5回では、これまでの議論の振り返りを行い、高知大学の広報すべき内容についてのまとめを行った。

4）SWOT分析

SWOT分析とは企業の経営戦略策定に用いられる分析フレームであり、自社の強み（Strength）、弱み（Weakness）、外的な脅威（Threat）、機会（Opportunity）を明らかにし、その上で有効な戦略を策定するものである。

図3-4は、SWOT分析フレームである。はじめに、分析対象の外部の機会と脅威、内部の強みと弱みの4項目について整理を行う。しかし、強みや弱み、機会や脅威を整理しただけでは戦略にはならない。これらの4項目を表4のとおり組み合わせることで戦略が策定される。

「内部の強み×外部の機会」は、強みにより機会を最大限に活かすことで、もっとも成長が見込める戦略である。「内部の強み×外部の脅威」は、自社にとって不利な外部環境を強みにより改善を図るものである。そして「内部の弱み×外部の機会」は弱みによる機会喪失を外部の機会を用いて避けるための戦略であり、弱みの補強の方法が焦点となる。また「内部の弱み×外部の脅威」

SWOT分析フレーム

	外部	内部
機会と強み	機会 Opportunity	強み Strength
脅威と弱み	脅威 Threat	弱み Weakness

SWOT分析に基づく戦略の策定

	内部の強み	内部の弱み
外部の機会	内部の強み × 外部の機会	内部の弱み × 外部の機会
外部の脅威	内部の強み × 外部の脅威	内部の弱み × 外部の機会

図3-4　SWOT分析図

は、弱みや脅威による不利益の増大を避ける戦略であり、脅威を削減するために弱みを強みに変えることや、市場からの撤退を検討することなどが考えられる。なお、企業はこれらの戦略をすべて採用するのではなく、自社の特性や市場の環境に応じて取るべき戦略を選定する。

5）学生による高知大学のＳＷＯＴ分析

学生は、SWOT分析により抽出した高知大学の強み・弱み・機会・脅威を、授業で学んだ消費者行動やマーケティングの視点からの分析に基づき、それぞれの要素を組み合わせることで、高知大学の広報内容を創出した。

表3-3　各グループによるSWOT分析まとめ

	外部	内部
機会と強み	〈機会〉 豊富な研究フィールド 生活環境の良さ	〈強み〉 先進的な研究　カリキュラム 生活サポート　卒業後の進路
脅威と弱み	〈脅威〉 南海トラフ地震 地理的環境	〈弱み〉 施設の古さ 知名度の低さ

表3-3は、学生が作成したレポートおよびグループごとのワークショップの討議内容で示されたSWOT分析をまとめたものである。

〈外部の機会〉

外部の機会としてあげられたのが、豊富な研究フィールドと生活環境の良さである。

高知県は、太平洋に面し、県全体の84％を森林が占める豊かな自然環境を持つ。また、室戸世界ジオパークを有する国内有数の地学研究フィールドである。そして、ワークショップ参加者が「日本の近未来」と指摘するように過疎や少子高齢化などの地域課題を有しており、文系理系双方の学生にとって豊かな研究環境である。また、キャンパス周辺は大型スーパーなどの商業施設が多く、物価が安く生活しやすい環境であり、多くの学生が居住しやすさを指摘する。

〈内部の強み〉

　内部の強みとしてあげられたのが、教員の先進的な研究やカリキュラム、生活サポート、卒業後の進路である。特に海洋研究開発機構（JAMSTEC）との共同研究や地震観測所を有するなど地学分野の研究が特長であるとの指摘が多い。そして人文社会科学部における1年次からのアドバイザー教員制度や、2年次に専門分野を決定する制度への評価も高い。

　また学生サポートとしてあげられるのが、大学生協による定額制度の食事クーポン（ミールプラン）などの生活支援、そして、就職が決定するまで続けられるきめ細かな卒業後の進路への支援である。

〈外部の脅威〉

　一方、外部の脅威としてあげられるのが、今後発生が想定されている南海トラフ地震による津波の被害である。地震の発生予測や津波被害の予測が全国的に報道されており、もはや周知の事実というべきであろう。学生のコメントにおいても「友人の中には、高知大学は津波の恐れがあるので進学候補から外したという人がいた」など、南海トラフ地震により想定される津波被害への不安が高知大学への進学を阻害する要因となっていることが指摘された。また、地理的環境については、大都市圏から遠く、鉄道等の交通機関の便数も少ないことがあげられる。そのため、県内出身者も自宅からの通学ができない学生が多く、入学者の80%程度が一人暮らしという状況を生み出している。

〈内部の弱み〉

　内部の弱みとしてあげられるのが、校舎等施設の古さと大学の知名度の低さである。特に校舎の古さを指摘する声が多い。

6）学生による広報内容の提案

　SWOT分析で抽出した強み・弱み・機会・脅威を組み合わせた広報内容が表3-4である。〈強み×機会〉に関する広報内容については2点、そして〈強み×脅威〉については4点が提案されている。なお、〈弱み×機会〉〈弱み×脅威〉については、どのグループからも提案されなかった。

〈強み×機会〉

　①および②については他大学との差別化要素となる大学の特長を広報内容

としたものである。学生から指摘が多かったのは、農林海洋科学部における
キャンパスの内外に有する広大な実験場と、そこで展開される研究や教育であ
る。とりわけ、暖地農学への取り組みは高知県の気候風土を活かした研究であ
ると学生からの評価が高い。また、室戸ユネスコ世界ジオパークなどにみられ
る地質遺産は地学研究にとって貴重な研究フィールドであり、地方国立大学
では珍しい地震観測所や、JAMSTEC（国立研究開発法人海洋開発研究機構）
と共同運営を行う海洋コアセンターなど、陸と海の両面からの地学研究が高知
大学の特長だとする指摘が多い。

〈強み×脅威〉

③～⑥については、保護者の不安を低減するための取り組みとして不可欠で
あることが指摘されている。これらは高知大学が持つ固有の課題への対応の必
要性への指摘である。

③については、「大都市圏から離れた高知県では就職に不利ではないのか」
「出身地に戻って就職ができるのか」などの不安を持つ保護者への対応として、
就職企業名や就職した地域を具体的に示すことが提案されている。

④については、初めての一人暮らしへの不安を低減させるため、アドバイ
ザー教員制度などの教学面でのサポートや大学生協による生活面でのサポート
の充実を広報することの提案である。地理的環境等から、一人暮らしをする学
生が全体の8割程度を占める高知大学においては、生活面での学生および保護

表3-4　ワークショップ参加者による広報戦略案

	内部の強み	内部の弱み
外部の機会	〈強み×機会〉 ①研究フィールド×先進的な研究 ②研究フィールド×カリキュラム	〈弱み×機会〉 ------
外部の脅威	〈強み×脅威〉 ③卒業後の進路×地理的環境 ④生活サポート×地理的環境 ⑤カリキュラム×南海トラフ地震 ⑥生活サポート×南海トラフ地震	〈弱み×脅威〉 ------

者の不安の低減が不可欠であることが指摘されたのである。

　⑤および⑥については、「南海トラフ地震に伴う津波への心配は、自分が感じていた以上に気にしている人が多い」「高知に住む以上、地震とは切り離せられない」などの意見がみられた。そして、「3か所のキャンパスのうち、朝倉キャンパスや岡豊キャンパスは津波被害がないと想定されている地域である」「津波被害が予想される物部キャンパスにおいては普段から防災教育がおこなわれており、備蓄や避難訓練、安否確認制度が整備されている」「防災を通じた地域とのつながりも強い」などの津波被害への対応の情報を積極的に伝達することにより不安を低減する必要があることが指摘された。

7）　既存の広報内容の評価と新たな広報内容

　高知大学がブランド要素として発信していた情報は、①研究フィールド×研究内容、②研究フィールド×カリキュラム、③卒業後の進路×地理的環境の3点である。内部の強みである教員の研究力と、外部の機会である大都市圏にはない自然環境や地域との密接な関係性をブランド要素として発信することで他大学との差別化要素の創出に取り組んできたのであり、これらについては、学生たちも充分に認識していたことが明らかになった。

　一方、卒業後の進路と地理的環境については、教員採用実績や未内定者マッチング支援制度などをブランド要素として訴求してきたが、学生たちが受験生の時点ではあまり浸透していなかった。また、これまで進学相談会などで多くの保護者から寄せられた「出身地で就職できるのか」という質問に対しての情報発信をしてきたが、この点についても受験生の時点ではあまり浸透していないことが明らかになった。

　また、④生活サポート×地理的環境、⑤カリキュラム×南海トラフ地震、⑥生活サポート×南海トラフ地震など、学生生活の土台となる高知県での生活環境に関する情報を受験生や保護者が必要としていることが示されたのである。

　高知大学の学生募集広報は、これまで、大学間の差別化を図ること主眼としてきた。また、これまでネガティブな情報はなるべく出さない方がよいのではないかと考えてきた。しかし、県外受験生や保護者の南海トラフ地震による津波への不安が高知大学への進学を阻害する要因となっており、不安を取り除く

ための情報発信の必要性が学生たちから指摘されたのである。このように、差別化要素を示すだけでなく、大学生活の土台となる生活面での不安を解消するための情報発信も重要となる。これは、県外からの出身者比率が75%であり、また県内の東部や西部地域からでは自宅通学ができないために、80%以上の学生が一人暮らしを行っている高知大学特有の傾向であるといえよう。

この生活面の不安の解消の必要性については、Maslow（1954）の段階欲求説を引用したい。段階欲求説によると、図3-5の通り、人間の欲求は5段階の階層からなり、低階層の欲求が満たされると、より高次の階層の欲求を欲するとされる。一番はじめの欲求が生理的欲求であり特に食べることなど生命維持への欲求である。そしてそれが充足されると、住居の確保などの安全に生活したいという欲求が起きる。その次がコミュニティへの参加などの所属欲求である。コミュニティが確保されると、その中で認められたいという承認欲求が生じる。そして、これらの欲求が充足されると、最終的に自己実現欲求と呼ばれる自分の活動や成長に強い関心を持つようになる。

大学における自己実現欲求とは、社会で活躍するための "なりたい自分" になる（例えば、卒業後に就きたい職業に就職するなど）ことであろう。そしてその目的の達成のために資格を取得したり、必要となる知識やスキルを修得し

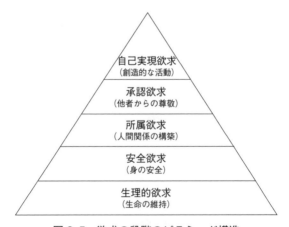

図3-5 欲求の段階のピラミッド構造
出所：Maslow（1954）〈小口忠彦訳（1987）〉を参考に筆者作成

たりするのである。大学のブランド要素となる特長は、主にこれら自己実現欲求を充足させるための要素である。またこれらは、社会的評価が向上させることから承認欲求の充足にもつながる。大学の価値が向上することで、当該大学に進学しようとする受験生は、周りから「いい大学に進学されるのですね」と評価されるためである。

　しかし、自己実現欲求を活性化させるためには、下位の欲求が充足されていなければならない。学生が大学において"なりたい自分"を実現するための努力は、下位欲求の充足が必要となるのである。学生たちがワークショップで示した、南海トラフ地震に関する内容や生活サポートに関する内容は、安全欲求の充足につながる。津波被害への生命の危険や初めての一人暮らしへの生活の不安などの解消は、安心して勉学に取り組むためには不可決となるのであり、学生たちはこのような下位欲求の充足の必要性を指摘したのである。

8）広報媒体への反映

　高知大学では、上記の成果を学生募集広報用に作成していたリーフレットの改訂に反映させている。主に高校教員や保護者を対象とした高知大学の特長を簡潔にまとめた A4 版（4P）のリーフレットを作成しており、前述の①②③に関する情報を掲載してきた。そこで、リーフレットを 8P に増加することで、学生から提案のあった広報内容④⑤⑥の情報を新たに掲載している。

〈ブランド要素の強化：大学 HP へのリンク〉

　①研究フィールド×研究内容、②研究フィールド×カリキュラムに関する内容は従来から記載している情報であるが、学生からの指摘により、より詳細にカリキュラムや教員の研究内容を見ることができるよう、新たに QR コードを記載し、それぞれの情報を掲載した WEB ページとのリンクを行っている。また、③卒業後の進路×地理的環境については学生からの指摘を取り入れ、就職先の企業名を新たに追加している。

〈生活環境への不安の低減：地図ページの新設〉

　また、④生活サポート×地理的環境、⑤カリキュラム×南海トラフ地震、⑥生活サポート×南海トラフ地震については、地図ページを追加することで視覚的に理解しやすくしている。キャンパス付近の生活情報（寮や賃貸物件情報、

スーパー等商業施設）や、大学までの所要時間など生活情報の掲載、そして南海トラフ地震への対応についての記述を行った。

　このように、学生たちが自大学の広報すべき内容を検討することで、これまで大学の広報担当者が重要視していなかった項目の広報の必要性が示された。また、高知大学における南海トラフ地震による津波被害に関する広報内容については、「ネガティブな情報を敢えて出す必要はない」といわばタブー視されてきた内容であるが、しっかりと対策が取られていることについては積極的に広報すべきだとの多くの学生の意見が寄せられたのである。

　学生募集広報内容を検討するワークショップを在学生全体に実施することは時間の確保などの課題があるが、オープンキャンパスの運営や広報誌の作成、受験生の学内見学を担当する学生たちを対象とすることは比較的容易であろう。大学の広報担当者が思いつかなかったアイデアや、これまで広報内容の浸透度や評価を生で得られる貴重な機会となるであろう。

第**4**章

高校・予備校とのコミュニケーション

1. 高校とのコミュニケーション

（1） 高校訪問

1） 高校訪問とは

　高校訪問とは、文字通り高校に「訪問」して自大学・学部の紹介、および入試についての情報提供や高校からの情報収集を行うなど、学生募集活動の主要な業務のひとつである。近年は、大都市圏の高校においても「課題（宿題）を出す」「平日の放課後や土曜日に補習を行う」など、学習や進路指導について塾・予備校任せにしない学校主導型の高校が増えてきた。クラス担任や教科担当、あるいは進路指導の教員がしっかりと学習や進路の指導を行い、現役合格を目指している。例として東京都教育委員会では、2001（平成13）年度より「進学指導重点校」や「進学指導特別推進校」など進学・学習指導を強化した高校を指定し、「難関国立・難関私立大学△名」「国公立大学△名」「現役合格率△％以上」など学校が設定した目標に向かって学習および進路指導が熱心に行われている（都立学校経営支援委員会，2008）。

　高校の指導が「熱心」になったことで、それらを満たす「情報」が必要になる。その意味では大学が直接高校に出向いて高校教員に大学・学部情報や入試に関する情報をタイムリーに提供することは重要である。近年は公立高校の単独選抜や通学区の拡大（廃止）によって各校の学力が階層化され、高校のランクやタイプによって「（訪問を）歓迎する・しない大学」に分けられる傾向に

ある。しかしながら、どの高校でも生徒は多様化しており[1]、教員が必要とする大学情報は多岐に及ぶ。また、教員の本音としては「現役で生徒を送り出したいので、沢山の大学情報を入手したい」であろうが、あまりの日々の多忙さに大学・学部研究をしている時間と余裕がないのが現状である（e. g., 河合, 2013）。

　以上から、高校訪問による大学・学部情報や入試情報の提供は（高校の）現場にとって有用といえよう。多忙な教員にとって、実際に訪問を受けて大学や学部の説明が受けられることや、入試や卒業後の進路、資格取得の有無、さらに奨学金や授業料免除等の「聞きたいこと」が直接尋ねることが出来ることは進路指導上有益である。

　それでは、大学側にとって「とりあえず訪問」すれば即効果につながるのだろうか。残念ながら答えは「No」である。（大学側の）「魅力的にかつ適切」に説明する力がなければ徒労に終わり、場合によっては逆効果の烙印を押されることになるだろう。<u>訪問効果を高めるためには、（訪問する側の）スキルを磨く必要がある。</u>本節ではその「効果的な高校訪問」について詳述する。

　2）　高校訪問の効果について

　高校訪問を行うことによって訪問する（大学）側が<u>期待することは</u>、①大学情報の伝達と②高校情報の入手であろう。①によって志願増の期待が高まり、また②では自大学で入試変更や学部改組等の計画があれば、高校の情報を取り込むことでより効果的な改革につなげられる。以下概観する。

　①　大学情報の伝達

　　近年の高校は上述した進学指導重点校等に限らず、各校で「学校の特色」を前面に打ち出している[2]。各校の立ち位置（進学校か否か等）によって目指す方向は異なるが、進路指導に関しては「現役合格」を目標（値）に含める高校は少なくない。これは「浪人させずに現役でどこかの大学に進学させる」ことを意味するため、生徒の学力が幅広い一般的な高校であれば、概ねどの大学でも訪問該当校となる。したがって、自大学が高校の目標とされがちな「難関レベルの国公立・私立大学」でなくても構わない。

　　そこで期待されるのが「高校が求めること」の即応性である。訪問予定

の高校が関心ある話題を提供しなければ聞く耳は持たれないだろう。訪問時の挨拶、着席後の数分間で対応教員から高校の様子を聞き、「何に関心があるのか」を模索して直ちに情報提供できる者が「優秀な入試広報担当」であるといえる。

　もっとも無難な情報は入学試験であろう。我が国に大学は国公私立を合わせて 770 校以上あるが、学部や学科単位では数千に及ぶ。それらの総合型選抜・学校推薦型選抜・一般選抜の合算では万単位に及びそうである。入試についてすべてを把握している高校教員はさすがに皆無であることから、入試に関する情報について不足を補う意味においても、高校に訪問して入試の話題から始めれば良い。入試情報だけでも、高校（教員）に直接伝える意義は大きい。

② 「高校情報の入手」

　訪問で得た高校の情報を学内に持ち帰って組織で共有することは極めて重要なことである。「今年の A 高校の 3 年生は、総合型や学校推薦型選抜をかなり検討している」「同じく A 高校の 2 年生は、男子も含めて入学時から医療系などの資格志向が強い」など、対応する進路教員との会話の中でおのずと入ってくる。

　これらの情報は、多くの高校が新年度早々に実施する「進路希望調査」の結果を基にしている。このほか、受験産業主催の模擬試験を受けた際に、受検後の指導用資料として業者から生徒の成績とともに「志望状況」の一覧が送られる。それらの資料を含めて「今年の 3 年生の学力は英語がやや高い」や「トップ層は旧帝大ではなく医学科志望が増えた」などの傾向を知り、進路部や学年団で情報を共有している。

　以上は、自大学の関係者が別の日程で当校を訪問する際にも貴重な基礎情報になるであろう。とりわけ学部教員が訪問する際は有効である。訪問予定校が「資格志向が強まった」とあれば教育学や医療系の学部、さらに工学部の建築・土木系など資格系統の学部学科が候補に挙がる。

　また、大学（学部）が入試変更や学部改組などの計画がある場合は、高校からの意見聴取は重要である。例えば、「主体性等の評価を重視した新しい総

合型選抜」を検討しているのなら、調査書の改訂を受けて「指導上参考となる諸事項」の欄にクラス担任はどのように記載するのか。そしてそれを入学者選抜でどのように評価すれば高校側は満足するのか（志願を勧めたくなるのか）、といった具体的な話を聞き出すことが可能である。一方で、「担任レベルでも把握が難しい生徒の実績・活動歴について、どの程度の記載があれば評価・採点に繋がるのか（学習ポートフォリオの信ぴょう性）」等、高校側が気にかける事項について意見が求められることも考えられよう。

3）高校訪問に否定的な学内に対する啓発活動

　大学として直接（高校教員に）訴求可能な高校訪問は効果的といえるが、むしろ問題は「高校訪問の必要性を感じていない」身内（学内）かも知れない。とりわけ国公立大学や難関私立大学など、学生募集に苦戦しない大学にとっては、「高校に出向いて頭を下げる」といった概念が希薄である。つまり、この高校訪問自体を軽視、あるいは不必要に考える教員や事務職員がどの大学にも一定数存在する。

　したがって高校訪問を目的として出張申請を行っても、それに対する理解がない職場であれば承認を渋られるかもしれない。その場合の善処策として、後述する業者主催の「進学相談会」の開催日に合わせて、開催時刻までの数時間を訪問に充てる等の対応が考えられる。近年は東大や京大等、旧帝国大学でも一部の進学相談会に参加している。そのような出張の機会に「高校訪問」の行程を加えて行動することも可能である。「進学相談会と高校訪問を続けて実施するのは体力的に負担あり」ではあるが、学内の理解が低いうちはそのような機会を利用して回数を増やしていくことが重要である。なお、高校側からの意見として進学相談会が近くで開催される場合、（会場に）参加予定の大学からの訪問が集中して対応が大変であるため、話題を絞って簡潔に案内することを心掛けたい。

　もっとも、高校訪問への理解が低い国立大学でも理系学部は概ね前向きである。特に工学系の学部は定員が多いことに加え、すべての都道府県に設置されていることでライバルが多い。さらに主な受験生は数学Ⅲや「理科の発展科目」を履修した生徒（理系生）に概ね限られることで、学生募集活動にも積極

さが感じられる。したがって、全学としては入試広報の認識が低くても、理系学部だけは早期から危機感をもって（学部）単独で高校訪問を行う傾向にある。

　以上から、勤務する大学や学部によって、教員はもとより事務職員においても部署や年代によって高校訪問への理解が異なるため、「高校訪問は効果的である」ことを少しずつでも学内に浸透させる「啓発活動」が重要である。その意識をより高めるには、第5章2節に詳述した訪問後の「報告書の作成・配信」も意識するなど、高校訪問と「事後処理」とセットで行動することが望ましいといえよう。

┌─ コラム｜「学内の"常識"に負けないで」─────────────

　高校訪問への理解が不足する大学の傾向として、入試広報担当者の「行動が理解できない」ようです。例えば、一般的な出張は「目的地に出向いて、目的の仕事を行って戻る」ことが原則的な業務と言えます。これは一度の出張で複数の仕事を担うことは稀であることが背景にあると考えられます。したがって、例えば「遠方の○県△市で進学相談会が16時からあるので、それまでレンタカーを使用して市内の高校を4校訪問する…」といった出張計画に対して、従来の考えを持つ者からみれば前半部分（業務が複数）がイレギュラーに感じてしまうのです。費用対効果から考えれば称賛される行為なのですが（民間だと前半もこなさなければ叱責されるかも）、長年大学に勤務した者から見れば理解しがたい行為に映るのです。

　行動する側も、この「一度の用務（出張）でひとつの目的を果たす」ことに慣れてしまうと、複数こなすことがつらく（面倒に）感じることでしょう。以上から、学内（場合によっては自身も含めた）の常識（固定観念）に押し流されずに高校訪問の機会を増やしていくことお勧めします。

─────────────────────────────────

4）　高校訪問の実践

①　タイプ別高校訪問の実践

　「高校訪問」といえども、実にさまざまな方法がある。確かに高校訪問自体は「誰もができること」だが、それが「簡単」とは決して言えない。むしろ「外部との対人業務」であることから、難しい部類に含まれるかもしれ

ない。

　自身の業績や肩書に頼ることなく、自大学・学部のさまざまな情報を熟知し、そこから長所をしっかりアピールできて（知っている、だけでは効果薄の意）、さらに訪問高校の「ニーズ」に適した説明ができる教職員こそが、高校から求められている人物と言える。説明後に「素敵な大学ですね。私が入学したいくらいです（笑)」と言われるレベルに達することが本節の目的である。

② 　訪問時期について

　入試シーズンが「総合型・学校推薦型・一般」の各選抜によって異なるように、高校への情報提供も時期によって提供する話題は異なる。以下は訪問月による「適した話題」の一例である。

4月

　新年度に入り高校側も落ち着かない時期なので、あれこれ触れずに今年度の入試に関する報告など、内容を絞った情報の提供が望ましい。また、新年度入試に触れるのであれば「入試変更点」など、前年度との違いを示す一覧を作成して提示しながら説明を加えたい。なお、上述の通り多くの高校ではこの4月に「進路希望調査」を行うので、下旬頃に伺うとそのデータが判明して自大学の志望者が○名など、気になる情報の収集ができる可能性がある。

5〜7月

　（高校は）7月の保護者との二者面談に向けて情報収集する時期である。3学年担当の担任団を中心に、大学や学部・学科の各情報から入試に至るまでさまざまなことに関心がある。難易度ランキングを意識する高校（教員）もあるが、生徒の意識はそこまでではないので（夏前までは、進学校の生徒ほど自身の学力を省みず難関大学一辺倒の傾向が強い）、幅広く「聞く姿勢」がある。また、入試については共通テスト「なし」の総合型・学校推薦型選抜の関心が強い（出願時期が、〜11月頃のため夏前から検討）。

8〜11月

　3年生の学力がある程度見通せる時期である。強気だった生徒も自身の模試成績等を通じて現実を知るようになる。高校の先生は冷静に「この生徒

は、〇大学が本命だが、厳しければ△大学…」と一般選抜での絞り込みを始める時期でもあるので、そこに入り込んで案内を進めていきたい（共通テスト「あり」の総合型・学校推薦型選抜の話も効果的）。

　一方で中堅〜進路多様レベルの高校は、「浪人したくない」「早く決まりたい」タイプが少なくないため、総合型選抜・学校推薦型選抜など、年内に実施（決定）する入試に関心が入る。そのような高校への訪問は遅くとも9月中旬までに挨拶と説明を済ませたい。

　また、一般選抜が主である進学校の場合は、試験科目の配点や募集形態など一般選抜の中身にも関心が強まる。例えば、「本学〇学部の前期入試は共通テストの理科が倍の配点になります」あるいは「本学△学部は一括募集なので、学科を絞り込めない生徒さんには魅力に映るのではないでしょうか…」など、具体的な説明に関心を持たれる可能性が高い。

12〜3月

　11〜12月は国公立大学における「共通テストを課さない」総合型・学校推薦型選抜の合格発表月間である。共通テストを課さない選抜で不合格になった受験生は、「学力的な不安」から一般選抜では別の大学を志願する場合も少なくないため、一般選抜の案内をしつつもそのような不合格者への「次なる出願先」として入試に関する情報提供を行うことも一方策である。

　また、2月は私立大学Ⅰ期（A日程、前期などさまざまな呼称あり）の一般選抜、3月は高校の卒業式を経て、国公立大学および私立大学Ⅱ期の一般選抜の合格発表が行われる。この時期の高校訪問は、3年生対象であればそれらの選抜（Ⅱ期などの3月入試）を予定している大学であれば最後の案内をかけるタイミングである。また、年度内の入試を終了した大学は現2学年の主任や担任などにアプローチして新年度に向けた情報提供を行うことも効果的である。

③　大学の「タイプ別」による高校訪問

　自大学のタイプ（本節では主に選抜性の程度から分類）によって、高校へのアプローチの仕方や話す内容が異なるため、本節では大学について表4-1の通り3タイプに分類した。

表4-1 選抜性の高さによる大学の区分

大学のタイプ	該当する大学・学部（学科）
a) 選抜性が高い大学	旧帝国大学、都市部にある入試難易度の高い国公私立大学。あるいは地方も含めた医学部医学科、国公立大の獣医学科、薬学科など。
b) 選抜性が中程度の大学	主に地方に立地する国公立大学（医学・獣医・薬学を除く）や入試難易度が中程度の私立大学（医学を除く）など。
c) 選抜性が機能しなくなっている大学	入試の実質倍率が 0 ～ 1 倍の大学など。

備考：中央教育審議会高大接続特別部会（2014）第 20 回「高大接続部会における答申案とりまとめに向けた要点の整理（案）」の「各大学の個別選抜改革」から、「選抜性が高い大学」「（同）中程度の大学」「（同）機能しなくなっている大学」の区分を参考にした。なお、右の「該当する大学・学部（学科）」については、筆者が受験冊子や高校教員からのヒアリングを参考に分類した。

〈大学の属性（3タイプ）〉[3]

a) 「選抜性が高い大学」の全学担当・学部担当教職員

　選抜性が高い大学とは、「受験難易度が高い大学・学部」であり、都市部にある国公立大学や大規模の私立大学が該当すると本節では位置づけた。また、医学科は地方にあっても難易度や志願倍率は高いことから本節に含めた。

●「訪問 Dos & Don'ts」a) 選抜性が高い大学

　・訪問に適した高校：都市部のトップ～2番手、地方のトップ校

　・訪問時期：通年（入試案内を兼ねる場合は 6 ～ 9 月）

　・推奨持参物：大学案内、選抜要項、入試情報（入試結果、総合型・学校推薦型・一般等、各選抜のポイントなど簡易にまとめた資料）

・アプローチ方法

　実際の a）タイプへの進学者は、各地域のトップクラスの進学校出身者が多いが、「進路指導に熱心」な高校は概ねトップ校以外が多く、（トップ校に）訪問しても話は期待したほどは弾まず「本学への入学者は結構多いの

に、ここまで反応が低いとは…」と首をかしげるケースも少なくない。一般的に学力が高い高校ほど生徒が主体的に行動して、志望校も自分で決めることが多いため、高校（教員）からの「指導」は概ね控えめである（だから大学訪問者の説明にも関心が低い）。また、現役志向も強くないため（第一志望以外なら浪人）、その期待を含めた訪問の成果は高いとはいえない。

　ただし、「別の需要」がある。近年は全国的に「医学科への進学志向」が高まっているが、「（タイプとして）医学科に向いていない生徒を他の理系学部に関心を持たせたい」ということで、理系学部の説明に熱心に耳を傾ける高校は少なくない。

　当該学部の教員であれば、都合がつけば放課後等に即席の「学部説明会」を提案すると、進路部や学年団から生徒へ声掛けして集めてもらえる期待が高まるであろう。ところで、「大都市圏の2番手校（中上位層が固まっている）」と、「地方にあるトップ校（上位から中下位層まで抱える）」では学力的なばらつきが散見されるが共通していることは概ね「現役志向」である。よって「大都市2番手校・地方のトップ校」は、総合型・学校推薦型選抜にも関心が高い可能性があるので、関連資料を持参して訪問するとより効果的であろう。

b)　「選抜性が中程度の大学」の全学担当・学部担当教職員

　大学入試の難易度において、学力のボリュームゾーンに該当するのがb)タイプである。学校数が多いため、ライバルも多数存在することから熱心な学生募集活動が期待される。なお、b)タイプの合格数が多い高校は概ね進学指導が熱心な中堅〜2番手クラスの進学校が多く、大学からの訪問を歓迎する傾向にある。

●「訪問 Dos & Don'ts」b)選抜性が中程度の大学
　・訪問に適した高校：大都市圏の2番手〜中堅、地方都市のトップ〜2
　　番手校
　・訪問時期：通年（入試案内を兼ねる場合は5〜11月）
　・推奨持参物：大学案内、選抜要項、入試情報（入試結果、総合型・学

校推薦型・一般等、各選抜のポイントなど簡易にまとめた資料)
・アプローチ方法

　b) タイプへの一般的な進学傾向は「すべてのタイプの高校から入学がある」ことだろう。2番手〜中堅レベル高校出身の入学がボリュームゾーンであるが、トップ校出身者も少なくなく、「現役志向が強い（難関大学を狙っていたが不合格して浪人せずに進学した）」生徒の進学先でもある。また、中堅〜進路多様校・専門高校の出身者はその学校の進学志望者の上位層が総合型・学校推薦型選抜を経て入学したパターンも多い。公立中学校出身者が「高校では別の学校に進学したけど、大学に入学したらまた同窓になった」といった例が見られるのも②の大学群であろう。

　以上から、入学者の学力幅が大きいとは「（進学の）需要はほぼすべての高校が該当する」の意であり、そこには進学指導に熱心な高校（2番手〜中堅レベル校）が多く含まれることから、b) タイプの訪問を歓迎する傾向にあると考えられる。

　また、<u>熱心であるが故に生徒の志望校や学力なども把握している教員が多い</u>ため、大学・学部および入試の説明後の質問も多く、かつ具体的である。会話が弾み、高校との情報交換も期待できるであろう。さらに就職状況や取得可能な資格、学生支援策など「＋αのメリット」を引き出すべくさまざまな質問を受ける可能性もある。それら予想される質問について回答例も含めて訪問予定者で共有することも効果を引き出す方策のひとつといえる。

c) 「選抜性が機能しなくなっている大学」の全学担当・学部担当教職員

　このグループに属する大学は、県内では知られているものの（地元でも）第一志望者は少なく、また県外では認知度が低く何かの特徴がなければ（例、スポーツが強い、教員や看護師などの資格取得に強い学部がある等）、他県からの流入は多くない大学を想定している。c) タイプに勤務する教職員の高校訪問は、第一に「地元重視」で考えることであろう。受験産業の営業担当のごとく<u>同じ地域と高校に担当者を固定化して適時伺う</u>ことが望ましい。

　訪問の主たる目的は「大学や学部を案内する」であるが、別の目的とし

て「担当者を一般企業の営業マンのごとく売り込む」ことも信頼関係を高める意味で重要である。c）タイプは大学数が多く、かつ同レベルが集中していることに鑑みて、<u>他大学と一線を画す入試広報を検討したい</u>（例えば、面倒見の良さ、就職実績、資格取得、国際教育など）。

　教員もしかりである。とりわけ私立大学では、学部教員も「戦力」として入試広報活動に携わる場合が少なくないため（高校訪問や出前講義など）、直接学生に接する立場であることから、特に指導学生に訪問先の卒業生がいればそれだけで話も弾むであろう（個人情報保護法に抵触しない範囲で）。

　以上のアプローチの積み重ねによって、高校側から進路相談に訪れた生徒に「○大学はどうだ。あそこなら知っている先生や事務職員もいるので安心して勧められるぞ」と志願につながる期待が高まるといえる。

　ただし、c）タイプは進学校ほど「本命ではない」と認識される傾向にあるので、頻繁な訪問は不要である。入学があった高校には、「新年度のあいさつと今年度の入学者の報告」、夏前に「入試情報とオープンキャンパスなどの案内、および在学生の報告と卒業生の進路（個人情報保護法に注意）」と、他に1度訪問すれば十分である。

●「訪問 Dos & Don'ts」c）選抜性が機能しなくなっている大学

　・訪問に適した高校：中堅〜進路多様校、専門高校

　・訪問時期：2月〜6月（主に総合型・学校推薦型選抜）

　・推奨持参物：大学案内、選抜要項、入試情報（入試結果、総合型・学校推薦型・一般等、各選抜のポイントなど簡易にまとめた資料）

・アプローチ方法

　訪問の意義は上述の通りであるが、「頻繁に訪問」するにはそれなりの持参物（大学関係の資料等）が必要になる。大学案内や募集要項などを毎回持参しても目新しいわけではないので、そこで話が弾むとは考えづらい。卒業生の情報も新しい話題が頻繁に出ることもないだろう。

　ここで述べる「頻繁」とは、複数の先生に面会することの意である。多くの高校で来訪者の情報を共有することは心掛けられているものの、1日に5校以上も訪問があれば共有どころではなくなる。可能であれば進路主任の

ほかに、3年主任やクラス担任等、他の先生にも面会したいところなので、「一人の先生に複数回」ではなく、「一人の先生に1回…を何度か繰り返して複数の先生に面会する」ことを心掛けると懇意にする高校も出てくると考えられる（高校によって事情が異なるので、まずは一度訪問して傾向を見極めたい。

（補足1）

当校のOB・OGで在学生がいる場合は、（学生の）定期的な学生報告も効果的である（上述の通り、個人情報保護法に抵触する可能性があるので入学時に本人の承諾を得る）。特に進路多様校では大学に進学しただけでも一定の評価がある。

また指導する先生も総合型・学校推薦型選抜指導のため、志願理由書の作成から面接対策まで「相当手を掛けた」生徒が多いため、卒業生ひとりひとりをしっかり覚えている可能性が高い。「高校時代、○○だったあの生徒が、こんなに立派になりましたか！」と、追跡報告ができるような間柄になれるようであれば「◎」といえるだろう。

（補足2）

上述の通り、c) タイプではトップダウンから人海戦術のごとく「教員・事務職員総出」で高校訪問を行うケースが見られるが、本節の冒頭で述べた通り、「高校に行けば即効果」とはいかない。学内でしっかりと研修を行い、訪問スキルを有した者を選抜して訪問させなければ逆効果である。

5) 高校のレベル別「高校が関心もつ大学とは」

対象校の数や大学までの距離やアクセス、さらに訪問者のスキルによるが、「1日あたりの高校訪問数」は、1校あたり30分の滞在時間として（事務受付〜進路室の移動時間を含めて）、学校間の移動も含めれば日に5〜6校が理想（限度）であろう（午前・午後3校ずつ）。中には「1日10校以上訪問する」と胸を張る強者もいるかもしれないが、ルーティン営業とは異なり、「名刺を渡して一言二言話して次の高校へ向かう」で終わりでは何の成果も得られない。上記の通り、効果を高めるには相応の時間を掛けて大学・学部の案内や、高校の情報収集を行う必要がある。もちろん、初心者や不慣れな教職員は無理

をせず、「午前・午後に2校ずつ」の計4校でも構わない。徐々に慣れること
が重要である。

　さて、少しでも高校訪問で「ミスマッチを防ぎ」、かつ「効率良く訪問する」
には訪問校の「立ち位置」を知る必要がある。当校の大学合格実績や入試難易
度等、いわゆる「高校のランク」である。近年は上述の通り高校の特色化や通
学区の拡大・撤廃によって、公立校でも進学に特化した高校など特定校に集中
する傾向にあり、その高校を筆頭に準トップ（2番手）、中堅、中堅下位、進
路多様校…といった学力の階層が確立されつつあるため、自大学における志願
者のボリュームゾーンの高校を中心に訪問計画を練る必要がある（どの学力層
が志願するのか）。高校のランクについてはネットでも検索可能であるが、実
際と異なる数値も散見されるので、訪問時（対応される先生）に聞くのが一番
早く、かつ正確に知ることができよう。

　以上から、「高校の立ち位置」をある程度把握したところで、表4-2を参考
に訪問効果の有無について検討する。

　はじめに、縦軸が大学、横軸が訪問対象の高校でそれぞれレベル分けを行っ
た。「都市部立地のトップ校」に◎の表記がないのは、上述の通り「一般的に
学力が高い高校ほど生徒が主体的に行動して、志望校も自分で決めることが多
いため、教員からの指導は概ね控えめ」であり、かつ「現役志向も高くない

表 4-2　高校のレベル別　大学への関心度

	概ね「都市部に立地」の高校			概ね「地方立地」の高校		
	トップ校	中堅校	進路多様校	トップ校	中堅校	進路多様校
a）選抜性が高い大学	○	○	△	◎	○	△
b）選抜性が中程度の大学	○	◎	○	特定学部のみ○	◎	○
c）選抜性が機能しなくなっている大学	△	地元なら○	地元なら○	地元なら○	地元なら○	地元なら○

出所：高校教員のヒアリング等を元に筆者作成

（第一志望以外なら浪人）」ため、先生に頼らないタイプも少なくないことから、その高校に勤務する教員も熱心にならず、結果として大学の訪問も重視しないといった背景がある。

ただし地方に立地する高校では、トップ校でも比較的学力幅が大きいことや、現役志向が高い傾向にあることから、訪問を歓迎する指導熱心な高校も少なくない。このあたりは都道府県や高校によって特徴が異なるため、実際に訪問して感触を掴んで絞り込むことが重要である。例えば「理数科は県下トップレベルだが普通科はそうでもない…」や、「本校は地元ではトップ校といわれるが、実際は同じ市内の私立高校や、近年開校した公立の中等教育学校に上位者が抜かれている」等、さまざまな情報が含まれるので一概に判断できないケースが発生する。そのような地域および高校の事情に気づけばより効率的な訪問計画を立てることができるだろう。

6） 訪問時の持参物について

① 高校からみた「持参物」評

高校訪問時に配付する資料は大学案内や募集要項（願書）などが一般的であるが、他大学との差別化を図るためか、土産として文具やカレンダー等を対応した高校教員に渡す大学担当者もいる。しかしこの行為はふさわしくないと感じる教員は受け取らないし、そうは思わぬ物品としても、その高校にとってニーズがない大学はやはり受け取らないだろう。その意味では期待するほどの効果はないと考えられる。

② 高校に喜ばれる持参物とは

「大学の持参物」について、筆者が高校教員にヒアリングした中では「大学案内や募集要項のほか、赤本（過去問題集）まで持ってきた大学もあった」とのことで、さらに大学ロゴ入りのグッズ関係（カレンダーや手帳、ペンスタンド、文鎮、文房具など）もあって、「ひとつあれば嬉しいけど、似たような品ばかりで、生徒に渡すわけにも行かず（大学のロゴが入っているので）、結局は資源ゴミになってしまう」と「ありがた迷惑」と捉える意見もあった。

この「ロゴ入りグッズ」については、先生や生徒に視覚的にさりげなく

訴えるツールとしては多少なりの効果も感じられるが、高校はこれらのサービスに対し一定の距離を置く傾向にある。例えばカレンダーであれば、大学名の入った箇所をハサミで切り取り進路室等に掲示する光景は大学関係者なら幾度か目撃した経験があるだろう。これは、「特定の大学に肩入れしない」といった意が多分に含まれており、入試広報の戦術を変えるシグナルと捉えたい。

　それでは訪問時に何を配布することが効果的なのか。筆者の訪問時の持参資料等を参考に紹介する。

　a）大学案内（全学掲載のパンフレット）
　b）学部案内（一部の学部のみ、関心あれば他学部も渡す）[4]
　c）入学者選抜要項
　d）ダイジェスト版「大学の概要」（両面刷り4ページ）

　以上4点のうち、a〜cはごく一般的な冊子の類いである。このうち、「学部案内」は基本的に理系学部（理学部と工学部）のパンフレットを配布している。筆者が勤務する大学では、この2学部からノーベル賞を輩出した実績もあるが、（広域移動をいとわぬ）理系生で志望者が多いのが理学部と工学部であることから高校にアピールしやすいことも理由のひとつである。また、全学部の学部案内は一通りバッグに忍ばせている。地元以外の高校訪問では理系学部に関心を持つ傾向があるものの、対応教員が文系クラスの担任、あるいは担当科目が文系だと「文学部や経済学部など、文系学部にも関心あり」の場合もあるため、予め準備はしている。

　このほか一般的な大学や学部・学科の案内等については、全学対応の「大学案内」にて基本的に完結させている。ただし筆者の勤務大学では9学部を擁するため、大学案内1冊でも100ページ近くあるので後日改めて読み返してもらえるとは期待していない。「さきほど説明に来たあの大学の特徴は何だったかな？」と失念されても、改めて大学案内を読み返されることはまずないため、特徴を綴った「まとめ」として両面4ページの「大学概要（ダ

イジェスト版)」を同時に渡して、この資料中心に説明している。

③　ダイジェスト版作成の留意点

　　大学のアピールを効率良く行うには「伝えたいこと」をまとめて手短に話す必要がある。しかしながら、実際のところ「強調したいこと」は訪問者の所属によって異なるため（全学担当者ならば大学全体、学部教員は当該学部の説明が中心）、そのような<u>説明が行いやすい資料を集約して、簡潔にまとめること</u>が早道である。一度作成すれば翌年度以降は数値を更新する程度で済むので、非常に効率的と言える。

〈筆者作成・大学の概要「ダイジェスト版」〉

・1ページ目　　○大学11の特徴（箇条書き）

・2ページ目　　入試結果

・3ページ目　　○大学入試の特徴、新入試の予告

・4ページ目　　△学部の推薦入試の案内

〈ダイジェスト版のメリット〉

・アピールしたいことを箇条書きにしてその話題中心に説明できる

・大学（学部）の紹介をまとめた内容なので、説明を受けた先生も他者に伝えやすく部内で共有されやすいうえに、生徒にも伝えやすい。

・相手に印象に残りやすい（説明のみと比較して）

〈デメリットおよび留意点〉

・資料の作成（まとめ方）が大変である。「自大学のことを知らなければ、先方が魅力に感じるレベルに仕上げることは難しい」と認識すべきである。

　　ダイジェスト版の作成で懸念されるのは「作成が大変」なことに加えて、高校のニーズが読めない（掴みにくい）ことではないだろうか。その解決方法としては、時間はかかるが地道に多数の高校に訪問して関心ある話題を収集することが得策である。一方で、「デメリットおよび留意点」にも記載したが、大学広報に携わる者にとって<u>ダイジェスト版の作成は勤務する大学を見つめる良い機会</u>である。この際、じっくりと大学のパンフレットやホームページを眺め

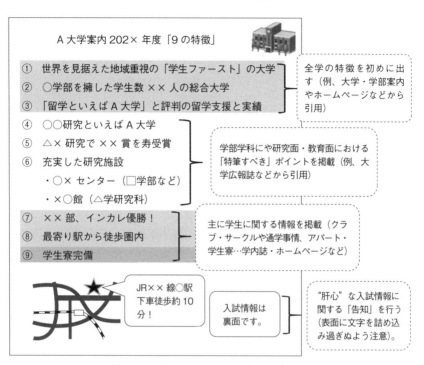

図 4-1　ダイジェスト版　大学案内の例

る、あるいは学内の研究棟や図書館、学生食堂に学生寮などを見学するなど知見を広め、「特長」を探していくことを勧めたい。それらの「足で稼いだ情報」は、説明時に立派なエビデンスとして信用度を高めることになるだろう。先方も一層興味深く聞く耳を傾けてくれる期待が高まる。一例として、「押さえておきたいポイント」を図 4-1 にまとめた。

●ダイジェスト版の重要なポイント「ライバル大学との比較をさりげなく行う」

　高校教員に、大学の紹介を上手にまとめて訴求力を高めることがこのダイジェスト版資料の主な目的であるが、実は別の意図も盛り込んでいる。それは「ライバル大学との比較」である。

　筆者が勤務する大学はもとより、前任校、前々任校でも、地元外の高校では同レベル、あるいは当地の有力大学と比べられる立場となって有利さはなくなる。それらに対抗するため、（当該大学の）魅力を上回る特長や話題を伝えられなければ志願に至らないだろう。ただし、単刀直入にライバル大学を比較・批判しては、（たとえ正論であっても）当方の良識が疑われる。多数の生徒を抱える高校側では、どの大学にも送り込む可能性があるので些末な話題でも耳を傾けてくれるが、競合大学にも伝わる可能性大であるため、「あからさまな比較」は、高校側に聞かれても素直に応じるべきではないといえる。

　なお、ライバル大学との「比較」であるが、これは一読してもわからない。箇条書きの文言を眺めていくうちに自然と伝わる内容に盛り込むのがポイントである。例えば、「●プログラムに採択」と書けば、詳しく説明を加えなくても先方は「そういえば地元の△大学は落選したらしいな…」と一部の教員は思い出すかもしれない。これは暗にライバル大学との比較を行ったことにつながる。生徒への進路指導の際、他大学を勧める時には身近な大学と比較して「この○大学は、この辺では知られていないけど、地元の△大学に相当する有名大学だよ。しかも△大学にはない●プログラムといった、世界に通用する研究を国がお墨付きで与えている指定を受けている。この大学なら君に勧められるな…」等、このようなプラスアルファの情報として活用されることにつながる。

7）　学部担当者による「持参物」と「話すこと」

①　学部教員による高校訪問の傾向

　学部教員が高校訪問時に行う説明の内訳は、「学部の話（学部・学科の特徴、研究、卒業後の進路、入試）」が約9割で、残り1割が「全学」やその他の話題といった割合であろうか。つまり、複数の学部を擁する総合大学に属した者であっても「気持ちは単科大学の教員」であり、他学部への思いはよほど接する機会のある教員を除き、基本的に有していないことが一般的である。

　よって同じ大学の構成員であっても、学部教員の訪問では「他学部」の話題はまず出ない。高校側としては「同じ大学なのだから、少しくらい他の学部の話題も欲しいのに…」と感じるが、学部教員はその配慮に乏しいとい

える。

　その問題（障壁）を解消すべく、全学組織が「他学部でもここだけは触れてほしい」といった一覧（「ダイジェスト版」など）を作成すれば、ある学部の教員が訪問時に「私にはよくわかりませんが（笑）、大学からこれを渡せと言われたので…」と全学部の特長を綴った案内を1枚配付するだけでも、高校は訪問大学の一体感を感じることであろう。あるいは、「私の研究室所属の学生の友人が○学部にいるらしいのですが、そういえばあそこも就職が抜群に良い、と言っていましたね」などの伝聞を触れるだけでも高校側は貴重な情報と受け止めよう。

　なお、全学的に対応しているのがアドミッション組織に属する専任教員や入試課などの事務職員である。時には学部教員と全学の担当者が一緒に訪問し、効果的に説明することも先方の満足度向上に寄与するといえよう。

② 　学部教員による高校訪問（その1）「何を持参するか」

　学部所属の教員が高校訪問する際の「持参資料」については、一般的に各学部の担当委員や事務から渡されるので、それらを配付すれば「基本的には」問題ないといえる。ただし、前述の通りその資料が先方にニーズある内容か否かについては再考の余地があるかもしれない。本節では学部教員等による持参物や話題について述べる。

学部教員が配付する資料は、以下の資料が考えられる（平均的なイメージ）

・大学案内（全学）、入学者選抜要項等

・当該学部の案内

・（あれば）当該学部の各学科の案内

・当該学部発行の冊子（○学部通信など）

・当該学部作成のグッズ（文房具や学部紹介DVDなど）

・当該学部の過去問（推薦入試の小論文や面接のポイントほか）

　ほかに当該学部に在籍する「（訪問校の）出身者」や成績表、さらに進路状況（就職先や大学院進学など）を、一覧にして口頭で説明することもある。学生情報については、学生を指導する組織のため全学担当には有しない利点といえるが、先述の個人情報保護法に抵触している可能性があるため

（本人の承諾有無）、活用時には事前に確認が必要である。

　法的にクリアしたとして、「（訪問高校の）卒業生の情報」を伝えることは高校教員にとっては有難い話ではあるが、一方で「その学部だけ？」と、ほかの学部に進学した情報が入手できないほうにフラストレーションがたまる可能性もある。また、いくら母校といっても卒業して何年も経過している学生にとっては、「都合の悪い話（成績不振、出席不良）」ならば伝えて欲しくないことも多分に考えられるので、出すことが可能であるにしても、話題提供は最小限にとどめておいた方が無難である。

③　学部教員による高校訪問②（その2）「何を話すか」

・説明時の留意点

　学部所属の教員が話すので、話題の中心は「学部（学科）のこと」になるが、話す内容については十分に留意（吟味）する必要がある。特に工学部や農学部などの実学系では、分野的にそれらの学部出身の高校教員（普通科・理数科）が多くないため、さらに「言葉を選ぶ」必要があろう。学部内では当然の用語でも一般人には「宇宙語」に聞こえて一体何の意味なのかさっぱり理解できない場合がある（例えば、国語の先生に「電子デバイスがどうのこうの…」と詳細を説明しても全く伝わらない）。常に相手の表情を確かめながら、言い回しに工夫を施して説明することが望ましい。

・高校訪問に「秀でた」学部教員の特徴

　一方で高校教員や生徒・保護者を相手に、説明に「秀でた」学部教員も少なくない。彼らの特徴は「分かりやすく（専門用語を避ける）・手短に（説明時間を気に掛ける）・深入りせず（関心があればしっかり説明）」の3拍子が揃っている。

　筆者が同席したある学部教員は、実に分かりやすい説明だったので、終了後にそのポイントについて尋ねると「結局、その先生が受験生になる訳ではないので、過剰に話しても負担に感じるだけでしょうから…。だから、〇〇学部の魅力だけを伝えて、相手の関心があれば少し紹介して、さらにあればもう少し出して…と相手の関心に合わせた説明をするように心掛けています」とのことであった。

　したがって、相手が関心を示さなければ「入試の変更点など必要最低限の話をして数分で帰ります」とのこと。せっかく訪問したのに袖にされる、あるいは一生懸命説明しても明らかに聞く意思が見られないでは、訪問者も本意ではないが短時間で引き上げる…これこそ「次に期待ができる」理想的な高校訪問といえよう。

　訪問者は対応者を選ぶことができないため、誰もがこの憂き目に遭う可能性がある（アポイントで感じの良い教員が出ても、当日は違ったタイプが対応する等）。以上から、「相手の反応に合わせて柔軟に対応する（即撤退も厭わず）」は、全学に限らず学部の担当者も同様に心得ておくべきことといえよう。

| コラム | 「〈学科別〉で訪問する際の留意点『高校は少々迷惑？』」 |

　入試広報に積極的な学部では、学部単位だけでは満足せず「学科」あるいはもっと小さなコース所属の教員が訪問する場合もあります。単位が小さい方が「（そのコースの）説明一点集中」のため、相手への訴求力がより高まることが期待できます…と言いたいところですが、対応される高校からみれば「そんな細かい単位で来られたら際限が無い！」と内心困っている場合も考えられます。もちろん、「だからもっと大所帯でいくべき」とまではいえませんが（各大学それぞれ事情がありますので）、いざ学科単位で行くのなら「それなりのプレゼン力ある説明者」にて訪問・説明することが必須条件といえるでしょう。このあたりは輪番制で能力に関係なく割り振る大学は論外です。「ハズレ」の訪問者では高校にとって困った存在になってしまうのです（早く帰ってほしい…）。

（2）　高校教員を対象とした大学入試説明会

1）「大学入試説明会」とは

　高校教員や予備校および受験産業の社員等を対象とした「大学入試説明会」とは、大学・学部の紹介や新年度の入試に関する情報（総合型・学校推薦型・一般等の各選抜）を参加者に直接発信する企画のことをいう。開会にあたり、学長や学部長などの執行部が揃って恭しく挨拶する等、学内行事として一段

高い企画として位置づける大学も見られる。また、参加者の利便性を図るために、遠方に出向いてアクセスの良い街中のホテル等で開催する大学もある。

　参加者は、ここで得られた大学や入試の情報を進路指導に役立てるため、職場に持ち帰ってメンバーで情報を共有する。そして高校であれば二者・三者面談での補足資料として役立てることもある。また、高校生や既卒生を抱える予備校等でも生徒・保護者との面談資料として役立てるほか、さらに内容によっては自社の模擬試験データに重ねて分析を行い、その年の新たな傾向を見いだすこともある。いずれにしても入試広報として訴求力が高い企画がこの入試説明会といえる。

　この大学入試説明会の形態は表4-3の通り複数ある。大学単独による開催から、複数の大学による共催、さらにイベントを企画する業者からの依頼に基づいて参加する等、時期や大学のニーズによって形式が異なる。

　表の見方のポイントとして、高校教員等を招いた「大学説明会」は概ね3通りあり（①〜③）、大きな違いとして対象に「生徒・保護者」が含まれるか否かによって話す内容が異なることを踏まえて、「高校の先生から生徒に本学の情報を伝えてほしい」場合は概ね①②の形式を選択すると良い。（「対象」「主催」「形態」から）

　一方で①②は同じ形式にみえるが、「①単独開催」か「②複数開催」によって自大学の持ち時間が異なることや同じ室内で説明する場合は「他大学が一緒なので本音で語りにくい」といった窮屈さもある（②を実施する大学関係者のヒアリングから）。

　よって大学の本音としては①を選択したいが、本節で述べた通り「高校教員の多忙さ」によってよほどニーズある大学でなければ①への参加は躊躇するだろう。また、見落とせないのは準備に携わるメンバーである。予算が潤沢な大学は業者に実施や運営を依頼する手段があるが、予算が少ない組織では関わる人員にてすべてを対応することになる。（「説明内容」「メリット」「デメリット」から）

　また、高校側も「ぜひとも参加したい大学」であれば①を望むが、そこまで求めていない、あるいは時間がない場合は「短時間で複数の大学の話が聞ける

表4-3　大学入試説明会の形態

	①大学単独の開催	②複数大学にて開催	③業者が主催 （大学に呼びかけ）
対象	高校等の教員、予備校・受験産業の関係者	高校等の教員、予備校・受験産業の関係者	左記に加え、「生徒・保護者」が加わる場合あり
主催	①の大学	②の大学で持ち回り	業者
形態	開催大学のみで、プレゼン形式で実施。	さまざまな大学が集い、プレゼン形式で実施。	さまざまな大学が集い、プレゼン形式で実施。
開催時期	6〜9月（7月がピーク） （選抜要項発行時期に合わせる・出願時期が早い、総合型選抜・学校推薦型選抜に合わせるなど大学のニーズによって異なる）		
開催時間	1.5〜3時間	参加大学数によって異なるが、各校の持ち時間は概ね1時間以内。	30分〜1時間 （各校の持ち時間）
説明内容	・大学紹介 ・学部学科説明（各学部教員、あるいは代表して一人ですべてを説明する場合あり） ・次年度入試の説明（変更点など） ・質疑応答	・基本的には左記と同じだが、時間に制限があるため、各項目の時間が短い。	・時間がより短くなるため、左記の内容をさらに凝縮して説明する。
メリット	・単独開催のため、時間をかけてじっくりPRできる。 ・学部や学科、さらに入試に関する「耳寄り情報」を参加者特典として伝えることができる。	・高校教員も多忙であるため、「複数の情報を一手に知りたい」需要がある。それをコンパクトにまとめて伝えることができる複数開催はメリットが大きい。 ・複数開催であるため、準備や運営面において、単独開催と比較すれば負担は軽いといえる。	・参加大学のタイプが多岐に及ぶことがあり、さまざまな大学との交流が図れる。 ・案内文発送や集計等も業者任せになるため、事務的な負担が軽減される。
デメリット	・生徒が目指したい大学でなければ、「単独開催」は多くの参加が見込めない。 ・質疑応答では具体的な質問が飛び交うことがあり、（学部数が多いと）時間がかかるうえ、回答次第では来場者の次年度の参加意欲を失わせる懸念が生じる。	・単独開催と比較すると時間制限があるため、多数の学部を抱える大学では説明不足で消化不良になる恐れあり。 ・競合大学と共催した場合は「その場で比較される」懸念あり。学部学科や入試等から、当日の配布資料や説明方法まで何事も比較対象になってしまう。	・多数の大学が参加するため、説明時間が足りない。 ・業者によっては相当な費用が発生する。 ・「教員対象」に生徒や保護者が含まれると話す内容の焦点がぶれて双方不満が残る可能性あり。

出所：各大学の大学入試説明会の案内サイトや報告書を参考に筆者作成

②」を好む場合もあるだろう。大学側も案内から当日の準備の人員や予算が確保可能であれば①を選択するが、そこまで求めていない、人が割けない場合は②③を選択する傾向にある。

2） 大学入試説明会の資料・発表内容について「参加者が聞きたいこと」

① 「入試説明会」と「入試分析報告会」

大学が実施する入試説明会の主たる話題は、一般的には「大学情報や入試情報の提供」であるが、入試において一般選抜は受験産業が定期的に高校教員を対象とした「入試分析報告会」等を実施しており、各大学の入試分析や学部学科の情報を提供している。以上から、大学が主催する入試説明会への参加者は、「それ以外の新しい情報」を求めていることが考えられる。

表4-4は、大学主催の「大学入試説明会」と受験産業主催の「入試分析報告会」の比較である。対象はそれぞれ高校教員が含まれるが、説明内容は双方で概ね異なるため（説明区分参照）、開催時期が重なってもニーズはそれぞれあることが考えられる。

なお「説明区分」の各項目について、高校教員からみて大学と受験産業どちらのニーズが高いのか「最適◎、適○、やや適△、不適×」の記号にて示した。本文でも触れているが、受験産業は年に数回、しかも複数社において高校教員を対象とした分析報告会を実施して入試情報等を提供している。その中で「総合型・学校推薦型選抜」は各社が持つデータでは分析が不十分なため（表でも「×」の表記）、大学としてはこの項目を含める、あるいは主テーマして企画することが、受験産業とのひとつの差別化であることを示唆している。

② 高校が知りたい情報

「高校が知りたい情報」については、高校のレベルによって多少ニーズは異なるが、予め把握して入試説明会の内容に含めることが重要である。これは「参加者アンケート」等で（表4-5）、「○大学について知りたいこと」をあらかじめ用意した項目から選択してもらうことで、高校が求める説明会の準備に取りかかることができる。

例として筆者が勤務するA大学入試説明会のアンケート項目を掲載した

表 4-4　大学主催「入試説明会」と受験産業主催「入試分析報告会」の比較

		大学入試説明会	入試分析報告会
	主催	大学	受験産業
概要	対象（参加者）	高校等の教員、受験産業の関係者	高校等の教員
	説明する大学数	1大学（共催の場合は、それらの大学数）	多数（地元及び主要大学など）
	開催回数	大学によって異なる（1回から多い大学は20回を超す）	各社、年に3〜5回
	開催都市	同上	全国（県庁所在地中心に複数の都市で開催）
	開催時期	6〜9月（ピークは7月）	6月、11月、1月が多い（その他もあり）
説明区分	大学紹介	◎県外開催の場合は、大学が立地する都市の情報も追加	△新設や特徴ある大学等、ピンポイントで紹介する程度のため、各校の説明時間は短い
	学部紹介	◎高校教員でも学部情報は意外に疎い一面があるので情報提供は効果的	同上
	前年度入試の分析	△生のデータなので、合否結果等、詳細を示すことはできない	○図表の分析はわかりやすいが、元データが模試や自己採点結果なので、やや信頼性に欠ける
	新年度入試の報告	○入試変更点の説明において、「記載事項＋α」の情報を付け加えられると「◎」	◎模試データではあるが、入試変更による志望動向や難易変動などを分析した上でわかりやすく説明できる
	（上記のうち）一般選抜の情報	○一般選抜の説明において、「記載事項＋α」の情報を付け加えられると「◎」	◎特定の大学だけ無く、同レベル、同地域の比較を絡めて発信
	（同上）総合型・学校推薦型選抜の情報	◎受験産業の対応が困難なカテゴリー	×
	その他	○卒業後の進路、学生生活、留学情報、奨学金など	主催者の事業説明や商品の案内など

出所：各大学の大学入試説明会の案内サイトや報告書を参考に筆者作成

表4-5　入試説明会のアンケート項目

本学に関して興味ある（知りたい）ことにつきまして、該当する項目に○を付して下さい（3つまで）

・一般選抜　　　・学校推薦型選抜　　　・学部（学科、専攻）の特徴
・就職状況　　　・研究　　　　　　　　・教育
・クラブ活動　　・住宅事情　　　　　　・授業料免除・奨学金など
・その他

（表4-5）。質問項目のひとつに「本学入学者選抜に関して興味ある（知りたい）ことについて、該当箇所に○を付して下さい（3つまで）」と選択肢を並べている。

　A大学の入試説明会は地元のほか複数の都府県で実施しており、「聞きたいこと」は会場ごとでニーズが多少異なるものの、どの会場でもほぼ一致した回答が「学校推薦型選抜の関心」だった（本学は総合型選抜の設定は無し）。

　そこでA大学は学校推薦型選抜に関して「入学して欲しい人物とは」や「卒業後の進路」などをテーマとしてほぼ毎年設定し、すべての学部担当者から紹介や説明を加えている。これは来場者の参加意欲を高める狙いもあるが、学部説明者の内容の陳腐化を防ぐことにも寄与している[5]。「テーマを設定してすべての学部より共通した内容を話すことはわかりやすく、学校に持ち帰って進路指導に活用しやすい」などの良好な評価を終了後のアンケートで受けている。

③　「総合型・学校推薦型選抜」

　「学校推薦型選抜に関心あり」は一例であるが、筆者がA大学より前に勤務した2つの国立大学でも、総合型選抜と学校推薦型選抜への関心は高く、参加者の質問はそれらに絡む内容が多かった。

　以上から、「効果的な入試説明会を開催したいが、何を話すかアイデアが浮かばない…」場合は「総合型・学校推薦型選抜に関する情報」等、多くの高校教員にニーズがありそうなテーマを設定した入試説明会を企図することもひとつの方策といえよう。

　表4-4の通り、受験産業がほぼ触れられない項目が「総合型・学校推薦型選抜」である。私立大学であれば指定校ではない公募制の学校型推薦も含まれる。「総合型・学校推薦型選抜」については、受験産業は"本業"ではなく（合否結果や模試による分析が困難なため）、入試結果を示す程度で大学個々の選抜状況までは踏み込めない。前述の通り、近年の高校は国公立大学志向が強いが、それと同様に強いのが「現役志向」であるため、総合型・学校推薦型選抜への関心が高い高校は少なくないといえよう。

　なお「総合型・学校推薦型選抜」は、一般選抜に比べて学力を課す大学は少ないが、もちろん勉強が苦手で学力試験を避けたい生徒のみが志願を希望するわけではない。生徒にとって第一志望の大学が「総合型・学校推薦型選抜」を実施していれば、学力に関係なく一般選抜と合わせて志願を検討することは自然の流れである。もっとも、進路指導上において一般選抜での合格が難しいと思われる生徒にも（一般選抜と比較して）学力的な負担が軽い同選抜を二者・三者面談等で勧める場合も考えられる。生徒がそれらの選抜に関心を持った場合は、入試対策として早期から指導を行う[6]ことになるため（面接、小論文対策ほか）、高校としてはその情報が必要になる。よって、それらの入試情報も含めて説明会等で伝えられるとより効果的といえよう。

　3）　入試説明会の開催に適した時期は「6月」

　近年はアドミッション組織の設置を機に、とりわけ入試広報面で発信力が弱かった国立大学においても入試説明会開催の動きが見られる（武藤・永野, 2020）。しかも時期は入学者選抜要項（新年度入試の）が発行される6〜7月に集中する傾向にある（永野・橘・寺嶌・石井, 2020）。このうち、7月の実施では多くの高校が期末考査を終えて面談を開始する時期であり、さらにその後は夏休み期間前後に補習を実施する期間でもあるので、そこに説明会を設定しても参加者は限られるだろう。

　表4-6は「進学指導等に熱心な高校」の一般的な上半期予定表である（筆者作成、3学年のイメージ）。受験学年である3年生でも、年度初めに「学力到達度」を測るテストを受検する高校もあるが、それ以外は既卒生も含めた「合格可能性の判定つき」の学力判定模試が一般的である。学校行事（定期考

査や文化祭・体育祭など）の日程調整を行い、また模試の問題漏えいを防ぐため周辺高校と日程を調整するなど、生徒や教員にとっても大きな学年イベントのひとつである。このほか、10〜11月にかけて「○○大学模試」等、特定大学・学部入試問題を予測した模試も加わるため、進学校の生徒の秋は土日も含めて休日はほぼ返上となる。

　このほか英語科目において、各資格・検定試験（4技能）により取得したスコアによって「出願資格・加点・見なし満点」等のインセンティブを設ける大学入試等の対応策として、それらの検定試験等を校内外で受検する高校も増えている。

　以上のような3学年の上半期に実施する入試説明会に関連づけたいことは、7月の「二者、三者面談」である。夏の面談は志望校を絞り込む、あるいは総合型・学校推薦型選抜を検討する（させる）タイミングであり、この時期までに入試説明会を実施して参加した教員からクラス担任等を通じて生徒・保護者に伝われば一層効果的である。しかしながら、留意しなければならない点もある。「提供する情報の内容」である。前年度入試の報告も必要であるが、それらは前述の通り受験産業が6月頃に概ね実施済みのため、高校側はさほど求めていないことも考えられる。したがって重視されるのは新年度の受験に係る入試であろう。特に出願が秋以降で、年内に実施される総合型・学校推薦型選抜は早めの情報提供が必要である。

表 4-6　指導が熱心な高校の年間スケジュール（3学年、上半期）

	主な学校・学年行事	備考
4月	入学式、始業式	業者模試（1回）
5月	中間考査	業者模試（1回）
6月	高校総体後、土曜日補習の開始	業者模試（1回）、進路説明会・講演など
7月	（上旬）期末考査、（考査終了後）二〜三者面談、（下旬）1学期終業式、（下旬）夏期補習	業者模試（1回）
8月	（上旬）夏期補習、（下旬）2学期開始	業者模試（1〜2回）
9月	文化祭・体育祭、大学入学共通テスト説明会	業者模試（2回）

出所：3学期制の高校、3学年をイメージして筆者作成

　そこで求められるのが新年度の入学者選抜要項である。文部科学省は毎年発表する「大学入学者選抜実施要項について（通知）」において、発表する期間（6～7月）を定めている。国立大学では7月発行が一般的であるが、高校のニーズは面談時期を見据えれば6月が望ましい。さらに6月でも初～中旬に発行可能であれば早期の説明会が実施可能で高校にいち早く新年度の入試情報を提供することが可能で、高校への訴求力も高まる[7]。

4）　大学入試説明会「その後」を見据えた資料作成と配布

①　入試説明会のプレゼン内容

　筆者が勤務するA大学入試説明会は、「地元・地元以外」の2種類を作成してそれぞれ実施している。地元版は参加者が概ね県内および周辺の高校関係者で占められるため、A大学の紹介は行わず、その分を各学部教員による学部プレゼンの時間に充てるなど、「学部・学科」の紹介色を強めている。

　一方で、地元以外ではA大学そのものの知名度が高くないため、大学および（大学が）立地する都市の紹介も含めて説明するなど、「大学とその周辺」も含めた説明を行っている。

　表4-7において地元以外での入試説明会で話す主なポイントをまとめた。「①A大学の紹介」では、上述の通り基本的に地元以外の会場で時間をかけて説明しているが、地域貢献や産学連携など地元の高校教員でも見過ごしがちな情報（社会貢献[8]）については地元の説明会でも話題に取り入れる。ま

表4-7　入試説明会で話すポイント（A大学、地元以外の会場の場合）

	内容	備考
①　A大学の紹介	A大学全体の特徴（指定国立大学、SGU、卓越大学院…）	（県外説明会のため）A大学ことをよく知らない参加者が多いことを想定して作成した。なお、地元の説明会では省略している。
②　A大学が立地する都市の紹介	A大学が立地する都市の紹介（産業、歴史・文化、A大学との連携など）	進学した際はその都市に住むことから、地域の産業や大学との関わりなどを簡潔に紹介する。
③　学部学科の紹介、入試情報、トピックス（この年は「卒業後の進路」）	学部別の紹介（概要、学科説明、入試説明、卒業後の進路）	これまでの入試説明会で質疑応答が多い内容、パンフレットでは見落とされがちな有益な情報も含めて紹介する。

た「② A大学が立地する都市の紹介」では、その都市が持つ力（文化・歴史・産業その他）が他の都市と異なることをアピールして、「その土地に在学中暮らすことで得られるメリット」を伝えると、高校教員は偏差値や入試科目以外の「推奨事項」として生徒に勧めやすくなる。また、「③学部学科の紹介、トピックス」では、学部紹介の時間内にてテーマを決めて話題を統一させる等、話す側・聞く側双方のマンネリ化を防ぐ工夫を凝らしている。

②　入試説明会資料の「二次活用」について

　　高校教員の多忙化に加えて、全国の大学にて多数開催される入試説明会の現状に鑑みて、内容を充実させても来場数は頭打ちになることは避けられない。少ない参加者に時間をかけて、また工夫を重ねたプレゼン資料を当日配布「だけ」にとどまらせることは惜しいことである。

　　説明会終了後に、当日の配布資料等を各高校に送付することも有効な手段であるが、多忙な高校教員が資料を改めて読み返すことは期待薄であろう。

　　筆者が勤務する大学では、入試説明会実施後の高校訪問で配布する等、「二次活用」に努めている。先方の関心が低ければ他のパンフと一緒に渡すだけだが、少しでも興味ある項目については該当箇所を開いて適時説明を行う。説明会の資料はスライドが80枚以上になるため、コンパクトにまとめて印刷して配付している（A3サイズの用紙に8スライドをまとめる）。「A大学の入試説明会は志望者がいるので行きたかったですが、補習と重なって参加できなかったので（配付は）ありがたいです」と、喜ばれることもある。

5）　事例：F地区の国立大学による合同入試懇談会

高校教員を対象とした大学が単独で主催する入試に関する説明会は、これまでほとんどの大学が、自大学を会場にしたり各都市に会場を設けたりして実施されてきたであろう。しかし、高校側には出張予算の削減や授業等の多大な通常業務などの理由から、すべての大学の進学説明会に参加することができない。そのため、生徒が進学を希望する大学を中心に参加を検討する状況にあり、同じ地域に所在する大学やブランド力の高い大学以外は参加しにくい状況にある。

　　このような高校側の事情を考慮し、複数の大学による高校教員対象説明会

が広がりをみせている。本稿で取り上げる事例は、F地区に所在する国立大学（5大学）による高校教員対象の合同入試懇談会であるが、その他にも、東京に所在する国立大学のアドミッションセンター教員が幹事となり千葉県・東京都・静岡県などの公立高校教員を対象とした国公立大学の合同説明会の開催や、山陰地区では同じ県内の国立大学と公立大学が合同で教員対象入試説明会を全国各地で実施している。このように、設置形態や地域性などを活かした緩やかな大学の連合体を形成することで、高校教員が情報を入手しやすい状況を大学側が提供する動きが加速している。

　一方で、大学内では、「ライバル校に受験生を取られるかもしれない…」などの競合する学部学科を設置する大学との合同説明会の開催に懸念を示す声もあるが、高校教員の現状を理解し、一人でも多くの高校教員に自大学の情報を伝えることが重要であろう。また、合同で説明会を開催することにより、これまで志願者が少なく、単独ではなかなか乗り出しにくかった地域での開催も可能となるであろう。

① 　合同入試懇談会の概略

　F地区にある5つの国立大学（A教育大学、B大学、C大学、D大学、E大学）は、コンソーシアム形式（F地区国立大学連合アドミッションセンター、以下「連合」）で入試広報業務の合同実施を行っている。とりわけ、その中で主要な事業となるのが、東海地区（名古屋市）および関西地区（大阪市）で開催する高校教員対象の合同入試懇談会である。例年、各大学の入学者選抜要項の発表時期に合わせ、6月下旬から7月上旬の日程で開催している。東海地区は国公立志向が高いとされ、全国の地方国公立大学にどんどん進学している地域であり、愛知県のみならず岐阜県・静岡県・三重県の高校教員が参加している。また関西地区は地理的も近いことからF地区の国立大学への進学が多い地域であり、近畿二府四県および三重県から高校教員が参加している。

　合同入試懇談会は、会場規模などの物理的都合もあり、高校教員の参加は原則1校1名とすることで、できるだけ多くの高校からの参加を受け入れられるようにしているが、「5大学程度での合同説明会は、大変よくまと

まっており、一度に各大学の説明を聞けるので大変ありがたい」など、概ね評価は高く、会場は例年ほぼ満杯になる。また、合同入試懇談会を実施して数年経つが、同地域からの志願者および入学者は増加傾向にある。

　合同入試懇談会の開催については、広告会社や受験産業等への業務委託を行わず、すべて各大学の担当者による業務分担で実施されている。会場準備や案内状やチラシの作成および発送業務が主な準備となるが、案内状の発送作業は受験産業等に委託することも可能であり、現状では幹事校を中心に充分に賄える業務量である。また、運営全体を業者委託しないために安価での開催が可能となっている。

②　高校教員の意見を反映し改善が加えられる合同入試懇談会

　合同入試懇談会は、平日の午後から約3時間程度を予定しており、各大学からの説明（各大学20分程度×5大学）の後、大学ごとの個別相談会を行っている。表4-8は、スケジュールの概略である。

表4-8　合同入試懇談会のスケジュール例

時間	内容
13：00〜	受付開始
13：30〜	幹事校挨拶
13：40〜	第1部（大学説明） A 教育大学　・B 大学　・C 大学　・D 大学　・E 大学
16：00〜	第2部（個別相談会） ※流れ解散（16：30 終了予定）

　また、アンケートにより収集した高校教員からの意見や要望を全大学で共有し、次回開催に活用している。

　各大学からの説明は、当初はその年のウリ（一押し）の情報に特化した説明や総論的な説明など各大学にその内容は一任されているが、アンケートへの回答結果に基づき、地理的な説明、経済的な説明、学問系統の説明、入試に関する説明の4点については、必ず伝えるべき情報としている。また、会場についても、高校教員からの多くの意見により、大阪会場は新幹線の駅近くから、よ

り利便性の高いターミナル駅周辺への変更を行っている。

　なお、アンケート結果から、大阪会場と名古屋会場では高校教員が求める情報に差異があることが明らかになった。名古屋会場では、主に一般選抜の説明が求められているが、大阪会場では一般選抜よりも学校推薦型選抜や総合型選抜の説明を求める声が高い。これは、あまりF地区に馴染みがなく共通テストの結果により志願を考える東海地区と、F地区を身近に感じ専願での志願者が多い関西地区の差であろう。このような地域ごとに異なる自大学への意識を認識し、伝達する情報を変えていくことも重要な視点である。東海地区の高校教員に対しては、共通テストの結果で選定する大学から第1志望として考慮対象になる大学への転換を図るために、大学の特長を充分に伝えていくことなどの対応が求められるのであり、大学のストロングポイントを伝えるプレゼンテーションが「あまり生徒が知らないF地区の大学を勧めやすくなる」と評価されている。

　このように、合同入試懇談会は、大学が発信する情報のブラッシュアップの場としての重要な役割を持つ。アンケートには、ある大学の説明内容と比較して、他大学の内容をプラスに評価したり、マイナスに評価したりする回答がある。また、特定の大学が発信する情報を特に評価するコメントなども寄せられる。これら高校教員の反応を基にブラッシュアップされた発信内容は、他の高校教員への説明会や受験生への説明会にも使用できるのであり、またそれ以外でも、パンフレットやHP、受験雑誌等広告などでの情報発信にも転用できるものとなる。

6）　オンラインを活用した入試説明会の展望と課題

　近年は、オンライン会議システムを利用した大学入試説明会を増設（あるいは移行）した大学が増加傾向にある。2020（令和2）年に世界的に流行し、我が国でも対処に苦慮した新型コロナウイルス感染の拡大に対し、「3密」を防ぐ手段として注目された「オンライン利用のリモート説明会」は、平時の利用においてもメリットが少なくないことで、今後定着する可能性を秘めている。大学入試説明会においても、本システムを活用することで参加率を高めることは好都合といえよう。

　これまで述べた通り高校教員は多忙である。それに加えて近年は出張費の削減等から「遠方はもとより、県内の説明会すら出張許可が降りない」等、多忙以外の制限や今般の自粛ムードも含めて、高校内で大学の説明会に参加（視聴）できることは大きなメリットであり、今後コロナ禍の影響が収まってもニーズが高止まりすることが予想される。

　また1-2-4.（2）で述べた入試説明会資料の「二次活用」については、オンライン説明会にも該当する。配布資料をホームページでダウンロード可能に設定して、当日の発表内容を録画して一定期間視聴可能にする。当日参加（視聴）できなかった高校教員もこれにて随時アプローチが可能である。

　この「オンライン大学入試説明会」は、ともすれば今後の主流になるかもしれない。しかしながら、「高校教員の多忙」が解消されない限り「ホームページにアップしておけば安心」とまでは言いきれないだろう。視聴する時間があっても、関心がある大学、しかも説明の内容がニーズに沿っていなければ決して画面には向かわない。やはり、適時視聴を促す仕組みを構築する必要がある。その効果を少しでも高めるためにも、高校訪問時に「（オンライン実施の）入試説明会」の存在を伝えて、予め資料は印刷しておいて配付し、多少の説明を行って「詳しくは本学のサイトからご視聴ください」等と誘導することが、視聴率の向上につながるであろう。

　7）　高校教員のニーズへの対応

　大学入試説明会は、事前に案内文を各校に送付し、その大学に「関心がある高校が参加」する。これは、「わざわざ聞きに来てくれる」ということはその大学に期待と関心を持って参加する意である。さらに質疑応答においては、他校の先生も一緒に聞けるので効率も良い。ただし、これも「（説明会で）何を伝えるか」によって本企画の成否が分かれることは言うまでもない。

　また前述の通り、受験産業が頻繁に入試分析報告会を開催している現状において、高校教員の多忙化も含めて「生徒のニーズがある程度高い大学中心に参加する」といった選別が行われていることを念頭に計画・実行する必要があるだろう。高校が「聞きたい内容」とは何か。学部学科、あるいは総合型・学校推薦型・一般などの入学者選抜のことか。それとも研究内容や卒業生の進路

（大学院進学や就職）なのか…。自大学のニーズを確かめて慎重に企画して実行するべきである。

┌─────────────────────────────────────┐
│ コラム　「（生徒対象の）オンライン講演は難しい…」

　高校の先生等を対象とした、大学入試説明会等を「オンライン会議システム」で実施することは、メリットが多く筆者も賛成ですが、一方で生徒・保護者対象の講演会や大学説明会等は「できれば、ライブで実施したい」が本音です。視聴者の反応が読めないのです。

　筆者も過去に何度かオンラインによる説明会を実施した経験があります。双方向で生徒さんの表情も確認できるのですが、多人数のため、現行スペックでは各々の表情まではつかめず「この話は、生徒さんに正しく伝わっているのだろうか…」と説明しながら不安になったこともありました。

　高校の先生方（大人）と生徒（子供）の決定的な違いは「聞く姿勢」です。「聞いた内容を部内で共有したり、生徒へ進路指導に役立てたりする」といった使命を受けた先生と根本的に異なるため、関心度の低い大学の説明だと、講演者が画面上のため「つい、他人とおしゃべりしてしまう」ことにつながりかねません。また、せっかく話を聞いてくれていても「生徒のニーズに合わない」内容では、やはり面白くないため眠くなってしまうでしょう。ライブの講演では生徒の表情を確認しながら巧みに話題を変える、あるいは説明をより丁寧に加える等の「臨機応変」が可能です。それが困難なのが現状におけるオンラインのデメリットと言えそうです。
└─────────────────────────────────────┘

（3）　高校内での進路講演会

　高校内での生徒や保護者対象の進路関係の行事は、進路講演会・大学講演会・大学相談会・模擬授業に大別される。しかし、これらの取り組みの境界線は、はっきり線引きができるわけではなく、さまざまな形態がある。これらの中で、最も高校教員との密接な関係性が構築されるのが進路講演会である。そこで本節では、はじめに、高校内で行われる進路関係行事を概観し、次に山形大学における進路講演会の実践活動を紹介する。

1）　高校内での進路関係行事

　以下は、進路講演会以外の高校内における進路関係行事の概要である。特に

都市部の高校は類似した学力層の生徒が入学している傾向が高いことから、自大学の適合層を選定した高校を対象とした広報活動が行いやすい状況にある。

　ただし、内容によっては逆効果になる場合もある。したがって、生徒や高校教員が「聞いて良かった」と思う講師を派遣することが重要である。国公立大学の出願指導における最終的出願校は、進路指導の教員の一言や進路講演や出前講義でのインパクトのある話で決定される場合もあるからである。そのため、大学側は高校内で行われる各種進路行事については、重要な広報活動と位置付け、次につながる講師の派遣を行うことが重要である。

　①　大学説明会

　大学説明会は通常、複数大学（2〜10校程度が多い）が集まり主に教室などを使って生徒に自大学の説明を行うものである。放課後に実施されるケースが多く、複数日にわたって行う場合もある。また、日程ごとに国公立大学・私立大学と分けて実施するなどさまざまな形態がある。対象学年は基本的に3年生であることが多く、興味のある1〜2年生が参加する場合もある。そのため、受験を検討している大学の説明会に参加することから、地元で大量に受験希望者がいる大学は参加生徒が100名超という場合もあるが、一般的には10〜30名程度の場合が多い。

　②　大学相談会

　大学相談会は体育館などに、数十校の大学や専門学校などが集まり、ブースごとに希望の生徒に大学の説明を行うものである。1回25分程度で数校の説明を聞く形式や、時間を指定せず自由にブースを移動する形式がある。対象学年は1〜2年生が多く、事前の指導がしっかり行われていない高校では、生徒自身が何を大学に聞きたいのかが不明確な場合が多い。そのため、せっかく数十校の大学等が参加しているのにもかかわらず、体育館を多くの生徒がうろうろしているだけの状況も散見される。なお、5時間目に1年生、6時間目に2年生、放課後に3年生の希望者などというパターンも見受けられる。

　③　模擬授業

　模擬授業は1日大学やミニ・カレッジなどという名称で大学の講義内容を高校生向けに行うものである。法律・心理学・化学・理学療法など、さま

ざまな大学の専攻分野の授業がどのようなものであるかを生徒に経験させることを目的としており、大学の学問・研究に対する具体的なイメージを持たせることを目標とする。

　生徒は自分の進路希望に合わせて、2講座程度を受講する場合が多い。講座数は5〜20程度にも分かれる場合があり、その講座数によって受講する生徒の数も大小がある。国公立大学は大学HPに出前講座のリストを公開し、Webやメールで申し込みを受け付けている場合が多い。一方、私立大学は出前講義（講座）の冊子を作成し、積極的に高校にアプローチを行っている。対象は1年生、2年生の学年単独という場合もあるが、1〜2年合同で行うことで、より多くの講座を設け、生徒の多様な進路希望に対応している高校もある。

④　その他（国公立大学合同説明会）

　2019（令和元）年頃から地方国立大学10校前後の受験担当者を集めて生徒、あるいは教員対象の説明会を一つの高校かその地域の複数の高校を集めた説明会を行う取り組みが行われるようになってきた。この国公立大学進学志向の高まりは、今世紀初頭から拡大した公立高校の進学指導重点化による、大都市圏の公立高校を中心とした「国公立大学への進学」に対する意識の高揚が背景にあると考えられる（例えば　永野，2020）。また、2016（平成28）年度に通知された文部科学省「私立大学の定員の厳格化[9]」による「合格者の絞り込みによる私立大学の難化」も間接的に影響していることも一要因といえよう。

　これらの大学のセンター利用入試のボーダーラインがとても高く、5教科を準備することで地方の国立大学であれば十分合格可能な得点率になることや、国公立大学合格者数は高校の大学合格実績の1つのバロメーターになることなどの背景がありながら、都市部の高校教員が地方国立大学の実情にあまり詳しくはない実態があり、実施されるようになったと思われる。

2）　進路講演の意義および概要

高校生対象の進路講演の意味は大きい。なぜなら、高校訪問は、あくまで忙しい高校の進路担当教員に「お願いして」訪問させてもらっているのである。

それに対して進路講演は高校側からの依頼に基づき大学が出向くものである。大学説明会や大学相談会、模擬授業も高校側からの依頼に基づくものであるが、招かれる大学数が多いため、高校教員との当日の関係性も築きにくいものとなる。それに対して、進路講演はほとんどが1大学のみである。そのため、高校教員との関係性が構築しやすく、次回の訪問などで確実に高校側が胸襟を開いて迎えてくれるのである。高校に「お世話になった」という感触を持ってもらえることで、以降の良好な関係性の構築につながるのである。そこから大学の内容や入試について、より前向きに聞いてもらえる関係を作ることができるのであり、さらに高校側の本音も聞くことも可能となる。しかし、このような関係性へと発展するためには、進路講演が学年全体に対する内容や大学進学希望者など進路の目標に関する内容など、高校側が求める内容に沿うものでなければならない。

　また、進路講演では基本的には自大学の広報は行わないが、それでも生徒の心に響く講演の内容であれば、次回の模試試験で当該大学を志望校の一つに入れる生徒が確実に増えるという話をよく聞く。良い講演であれば、生徒に大学へのインパクトを与えられるのである。

　進路講演は学年全体（1年生＋2年生という場合もある）、文系志望者向け、理系志望者向け、あるいは専門学校志望者向け、就職志望者向けなどに分けて行う場合が多い。大学進学対象では、3年生への受験特化型の内容や、センター試験直前対策などもある。

　講師は大学教員以外にも、予備校や受験産業の担当者、進路指導で実績のある高校教員が他校に行き行う場合などが多い。また、PTA総会と抱き合わせでの実施や、生徒と保護者の双方を対象としたものも増加してきている。これは、近年の志望校の決定プロセスで保護者の意向が大きくなっていること。加えて、保護者に近年の受験の状況を理解してほしいという高校教員の意向が背景にある。

　3）　山形大学における進路講演会

　①　山形大学が参加する進路講演会の概要

　　以下は、筆者が実践する山形大学における進路講演会の実践内容である。

進路講演会は、筆者が山形大学に着任した2010（平成22）年から開始したものである。初年度は2件であったが、2013（平成25）年には、受験産業からの依頼が増え45件に急増することになる。そして、2014（平成26）年以降は年間70件程度で推移している。

　高校側が進路講演を実施したいが講演者にツテがないために受験産業に相談したところ、他校での筆者の講演内容を聞いた担当者が薦めたケースや、進路講演に参加していた教員が異動先の高校で進路講演会を実施することになり依頼してきたケース、また、講演内容が人伝てに伝わり、これまで全く関係性のなかった高校から突然依頼が来るようになったケースなどにより依頼が増加していったのである。そこには、生徒に伝えたい進路に関する内容を押さえた講演を高校側が切望しているという状況が垣間見える。なお、依頼された日程が他校と重なり、お断りするケースも増加している。これは、高校からの依頼が実施1〜2カ月前という場合が多いことも起因している。

② 2019年度の高校生対象の進路講演の概要

　2019（令和元）年度の高校生対象の高校内進路講演会は73回であり、学年別にみても、ほぼ均等の割合となる。1学期は6月の12回がピークであり、2学期以降は10月および11月がピークとなる。高校の行事から考えると、6月や10〜11月は進路行事や外部講義を行いやすい時期になるためで

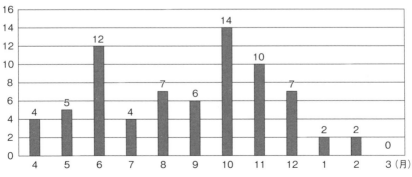

図 4-2　山形大学が訪問した高校進路講演会の開催月と回数〈2019（令和元）年度〉

あろう。

　1年生は2学期の期間が多い。高校の日程で一番落ち着いているのが10月～11月であるために実施されるケースが多いと考えられる。2年生は秋口から3学期、すなわち修学旅行の後から、いわゆる3年生0学期と言われる3学期に多く開催されている。ストレートに「気合いを入れてください」という要望を伝えてくる高校もある。3年生については、山形大学が昨年から開始した小論文講座と面接講座を実施しており6月～8月に集中することになった。

　講演時間については50分から60分程度が最も多い。また、大学の授業時間と同じ90分も多い。一般的に高校の授業は50分が基本であることから、多くの高校では1コマ分の授業が充てられているのであり、60分の場合は放課後に延長する措置が取られている。また、90分以上の時間は、授業時間を2コマ分確保しての実施となり、高校側の期待の大きさが感じられるものとなる。いずれにしても、高校の貴重な授業時間をカットしてまで実施される講演であるという責任の重さも感じながら話をする必要がある。

　また、実施曜日については、木曜日と火曜日が多い。おそらく高校の時間割でLHRと総合学習（探求）の時間が、火曜日あるいは木曜日に多く設定されていることが要因であろう。なお、土曜日にも実施されるが、これは保護者の参加の場合とイベントに関連した講演が多い状況である。

　また保護者対象の講演も増加傾向にある。これは現在の出願が受験生本人の意見だけではなく保護者の意向が強く反映すること、加えて、首都圏私大の定員厳格化で地方国立大学に目を向けさせたい高校側の意向も感じられる。さらに、新入試にかかわる情報も求められており、子どもの学年にかかわらず保護者全体を対象として実施された。

③　進路講演で意識すべき内容

　大学関係者が行う講演の内容は、予備校や受験業者のように得点率の経年変化や教科・科目の出題傾向など模擬試験に関するデータを伝えることはできない。また大学入試の全体的な傾向や受験生に人気がある学部などの情報を持っているわけでもない。

a)　1年生の講演内容

　1年生の前半に行う内容は、まず中学校と高校の学習量の違い、そして高校と大学の教育の質の違いや大学進学の意味など、学校種が異なることによる相違点の説明である。また、進学には保護者の意向が強く影響することから、保護者の高校生の時代と現在の就職者と進学者の比率の変化を説明することも重要である。早く"中学4年生"から高校1年生になってもらいたいという高校教員の意向を汲み取ることを意識する。

　後半の時期の内容は、大学進学の意味など、進路の根本にかかわる内容が中心である。文系・理系の最終決定と大学か専門学校か就職かという大まかな進路決定の時期である。文系・理系の選択がもたらす大学進学や将来の夢への影響などについても説明を行う。

　高校生活にも慣れた時期である一方、学習進度が早くなることで学習内容が未消化になりがちになる。加えて自宅学習時間の減少や、自身の目標の喪失や下方修正が行われやすい時期である。そのため、学年全員受講という場合が多い。これらの内容を中心にしつつ、当該高校の進路状況や地域の状況を加味しながら内容を考える。

b)　2年生の講演内容

　2年生の前半の時期は、2年生の特性や1年生と比較した授業の進度の速さや内容の深さ、そして、理科および地歴・公民の取組み方の説明を行っている。また、各大学のオープンキャンパスへの参加姿勢や、大学や専門学校、就職などの進路に関する現在の社会状況や注意点を解説する。

　後半の時期の重要な視点となるのが、修学旅行後の3年生に向けての準備という点である。具体的には自宅学習時間や各教科のすべきことの確認等が中心的な内容となる。特に学校推薦型選抜や総合型選抜を受験する場合、学部・学科の志望動機を早期に準備する必要性がある。そこで、年明けから3年生4月までの重要性などを中心に話を組み立てる。2年生後半になると学年全員という対象だけではなく、進路希望に即した3～4グループに分かれて受講するという場合も多くなる。その場合はよりストレートに内容を吟味すると効果的であろう。

c)　３年生の講演内容

　３年生の前半は難易度だけでない大学の選び方や大学の魅力について解説している。また、模擬試験の結果の見方や注意点、定期試験も含めた復習の必要性も重要な点である。併せて、クラスの雰囲気や教えあうことの重要性、おすすめの参考書などを伝えることを意識する。後半の時期には、基礎の再確認や問題集の使い方、さらに最後まで頑張りきる姿勢などの気持ちが志望校入学に大きな推進力になることなどを主に伝えている。

④　まとめ

　大学関係者による進路講演における強みは、大学生活に必要な金額の実態や大学生の就職、さらにその後の社会の変化などについて、エビデンスを基に話すことができることであろう。また、高校側の視点に大学の内容両方を加味し、さらに親の立場も踏まえて講演できることも強みとなる。

　内容的には生徒対象であるが、その場に居合わせる教員に向けて話をしている側面も意識すべきである。もちろん充分に詳しい教員も多いが、進路指導に初めて携わる教員や、新卒の教員などが講演を聞いている場合が多い。それら教員の参考になれば、より効果があると考えている。それが、高校が希望する内容と合致することで、高校側の「来年もお願いしたい」という要望を引き出すのである。

　なお、大学入試共通テスト終了後に大学紹介を兼ねて進路講演の内容を話している高校も例年数校ある。2019（令和元）年からは山形大学もインターネット出願になったが、2018年（平成30）までは一般入試の願書を持参し高校訪問を行っていた。ある高校にアポイントメントを入れて訪問すると、高校側が当該大学に興味のある生徒を進路室などに数名集めており、その生徒たちにその場で大学・学部の説明を行っていたことがあった。このような状況が数年続くうちに、高校が進路講演＋大学・学部説明を行事として発展していったのである。この講演は最もストレートに出願に結びつく。それは、高校側が大学の魅力と入試の特徴を伝えることができる絶妙のタイミングで時期を設定したためだと考えられる。また、生徒だけでなく担当の先生方にも強い印象が残るようである。

2.　予備校とのコミュニケーション

（1）　予備校訪問のメリットとは

　第3章にて述べた予備校の進路指導は、高校教員と同等、あるいはそれ以上にプロフェッショナル化している教職員が少なくないため質問も鋭い場合があるが、相手は受験のプロであり、理解されると話は早く、したがって志願者の獲得も大いに期待できる。それらの事情も含めて予備校とのコミュニケーションを図りたい。

　予備校は、もちろん予備校生（浪人生ほか当校に通う現役生も含む）を志望校に合格できるだけの学力をつけさせ、無事大学へ送り出すのが主たる役目であり、高校等の学校教育とはやや立ち位置が異なる。大手の予備校であれば、その役割を担うために地元大学や全国区の難関大学の入学試験を分析し、自社のホームページや地域の新聞の紙面等において、地元や主要大学の模範答案（解答例や解答解説）を公表するなど、大学受験情報を迅速に提供している。

　以上のような「受験ノウハウ」が詰まった予備校に出向き、自大学を案内するだけでなく模試の分析による大学・学部別の入試情報、そして既卒生や高校生の志望動向などを聞くことは大変有益である。また、予備校にとっても大学担当者から受ける情報は新鮮であり、とりわけ研究や教育面等、入試以外の情報が収集できることは在籍する生徒にも貴重な情報として提供できることから、まさに双方にとって WIN－WIN の関係といえよう。

　予備校に訪問して、大学にとって「得られること・伝えられること」について表4-9にまとめた。「予備校 → 大学」は大学が予備校に訪問した際に、予備校から得られる可能性が高い情報4点（①〜④）である。予備校の規模や当日対応する教職員によって内容に幅があるが、高校とは違った切り口の情報を入手できる期待が膨らむ。特に「③大学の評判」は自大学について「高校からは入学後の教育面では高い評価を耳にしますが、肝心な入試においては入試日程が窮屈なため、本命以外の生徒が受験しづらいと聞きます」など、日頃の高校からのヒアリングでは難しい情報が得られる期待が高まる。

表4-9　大学が予備校に訪問して「得られること・伝えられること」

予備校 → 大学（得られること）	大学 → 予備校（伝えられること）
①　受験生の動向（模試分析から） ②　同上（クラス担任から） ③　大学の評判（高校からのヒアリング） ④　他大学の情報	①　大学界で起こっていること ②　大学の紹介（研究、表彰、活動） ③　学部学科の紹介（入試、入学後） ④　学生生活（留学、クラブ活動） ⑤　卒業後の進路、資格

出所：高校や予備校からのヒアリングを元に筆者作成

　また、「大学 → 予備校」においても、特に「①大学界で起こっていること」等は興味を持たれやすい。文部科学省などから、入試や大学教育についてどのような情報が届くのか、話せる範囲で提供すると興味深く聞いてもらえる。このほか②〜⑤など、大学情報を入手するのも予備校の役目であるので（在籍する生徒に伝える、あるいは高校に伝えるなど…）、相手の関心がある内容を中心に説明を加えるとより効果的である。

　特に大手予備校では自社の模擬試験の分析から大学受験の志望動向に詳しく、また担当者が営業や在籍する予備校生の近況報告等で頻繁に高校（出身校）へ訪問するため、大学が訪問して「得られる情報」は大学担当者が想像する以上に豊富である。また予備校側にとっても、そもそも生徒を大学に送り出す役目が主業務であるため、大学からの訪問を歓迎するだろう。以上のような予備校との関係を日頃から築いておくことも、受験生の確保だけにとどまらないコミュニケーションの向上として得策といえる。

（2）　予備校訪問の留意点

　高校訪問と同じく、自大学の入試広報を予備校に行うことは効果的である。とりわけ「浪人生や進学校を中心とした高校生」が多数在籍する予備校は大学からみれば「宝の山」といえるだろう。しかも高校と異なり、学力や志望大学でクラス分けしていることが多く、まさに適材適所でプレゼンすることが可能である。

　しかしながら、高校と異なり経営が絡むため「総合型・学校推薦型選抜で

早々に合格されても困る（返金問題が生じる）」等、時期と話す内容を精査した上で訪問する必要がある。「予備校は民間企業」であるという意識を持っての発言が重要である。以下、予備校訪問に関する留意点を述べる。

1）　留意点①「対応者の所属コースによって話題を変える」

1校舎あたり500人を超す大手予備校の場合、「東大・京大コース」や「私立文系コース」など、「志望大学」や「学力順」にクラスが細分化されている。例えば、東大・京大等のトップレベルのコースであっても生徒の学力によって上位と下位に分けられる。

図4-3は大手予備校における各コースの学力分布図（イメージ）である。在籍数が多い予備校の場合、4月の入学時にクラス編成テストが行われる。よっ

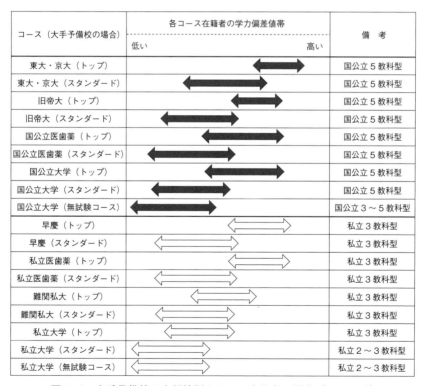

図4-3　大手予備校の志望校別クラスの在籍者の学力（イメージ）

て同じ名称の「○○コース」であっても学力順に分けられ、担任もそれぞれの
クラスに配属される。ここでは便宜的に「トップレベル」と「スタンダードレ
ベル」の2コースに分けた。傾向としては「スタンダード」クラスの学力幅が
広い。予備校も商売であるため、学力が伴わなくても「○○大学コースでなけ
れば入学しない」といった生徒に対応するため、下位クラスには低学力の生徒
も一定数存在する。以上から、大学が訪問する場合には、なるべく「○○コー
ス担当の方をお願いします」とリクエストしておいたほうが無難である。

　各クラスの担当者は、出席チェックや入試情報の提供、さらに受験相談など
の担任業務を行っている。したがって、このようなクラス数が多い大手予備校
に訪問の際は、担任が対応した場合、そのクラスに合わせた話題を提供するこ
とが重要である。なお、500人に満たない規模の校舎は、トップ・スタンダー
ドの区分を設けずに「クラスは同じで授業を習熟度に分ける」場合も少なくな
い。これは学力的に「上位から下位まで」クラス担任が担当している意である
ことから話題の幅は拡がる。従って、訪問時に所属のコースや生徒の学力等を
確認した上で、案内に入ると効果的である。

　一方で、担任ではなく校舎長（各校の事務責任者）や、担任を持たない管理
職が対応した場合は、「すべてのコースに対応可能」となるため特に話題を絞
る必要はない[10]。とても効率良いが、担任クラスと異なり「生徒に直接伝わ
らない（担任経由）」ため、具体的な話を切り出す場合は口頭だけではなくプ
レゼン資料を持参して説明を加えることが必要といえよう。

　2)　留意点②「効果的な話題の提供について」

　留意点①の通り、大手予備校ではクラス担任が対応する場合が多いが、話す
内容は1節にて詳述した「高校訪問」と基本的に変わらない。ただし主な対象
が浪人生であり、生徒はある程度大学や受験のことを知っているため、担任と
しても高校教員以上に「プラスα」の情報を求める傾向にある。自大学が遠方
に所在する場合は尚更である。「（地元の○大学と比べて、）本学は△△の研究
（教育）に力点を置いています」と暗に地元のライバル大学との違いを述べる
ことは効果的である。

　また基礎クラスの担任からは「この成績で合格可能な受験だと何方式になり

ますか？」等の選抜に関する具体的な質問を受けることがある。例えば「現代文だけできる（偏差値が高い）」あるいはその逆で「現代文は不得意だが、英語と社会はそれなりに…」など。このような具体的な質問は高校では稀なため、訪問者の慣れや経験も重要である。予備校も「来年も在籍されては、高校など送り手の信用を損ねる」ため、1年間で全員が志望校（ではなくても）に送り込むことが使命である。よって高校の教員以上に具体的な入試方法を尋ねてくる可能性が高い。このほか薬学部や医学部医学科等、医療系クラスの担任であれば所属する生徒の学力は概ね高いが入試難易度そのものも高いため、各科目の配点や試験科目の出題傾向、さらにそのレベルについて集中的に質問を受けることが想定される。また、医学科を志望するクラスでは面接内容についても質問されるだろう。訪問者が学部教員の場合、教育や研究について語りたくても、相手の関心はもっぱら入試である。以上から、関心あるポイントが高校と異なることを留意して訪問を試みたい。

3）留意点③「総合型選抜・学校推薦型選抜」の案内

　予備校の第一の使命は繰り返しになるが「預かった1年間で合格に導く」ことである。よって生徒の志望校合格に向けて講師陣や担任スタッフが日々サポートするのだが、そこに「総合型選抜や学校推薦型選抜」を案内すると、その場では「生徒のため」になる姿勢を見せるものの上述の通り「早期に受験が終わると返金の問題が生じるかもしれない」など、経営的な意識も脳裏をかすめてブレーキがかかることも予想される。もちろん、共通テスト必須の選抜であれば「合否結果は概ね2月」と遅いので（返金問題の憂いも少ない）、予備校に当該選抜の話を切り出す場合は「共通テストあり選抜」を主に紹介すれば歓迎されよう。

　ただし、所属クラスによっては「共通テストなし選抜」の話題も重宝される場合がある。学力および進学意欲が低いクラス担任は「勉強する気すら起きない」生徒の学力向上や志望校選びに頭を抱えており、そのような場合は「既卒生も出願可で、基礎学力検査で受験が可能な学校推薦型選抜があります」と伝えると、希望の灯に変わる可能性が高い。1年間予備校に通いながら「基礎学力検査だけ」の選抜とはいささか不本意であるが、そのような生徒が在籍する

クラスでも1年後には進学先を確定させる期待を受けていることに鑑みて、先方の求める情報の引き出しは多めに用意しておくと良いだろう。

4）　留意点④「アポイント」

高校の訪問と同じく予備校訪問もアポイント必須である。とりわけ現役生を抱えた予備校の場合、早朝から夜遅くまで校舎の電灯はつきっぱなしであるが、講師や事務職員が四六時中勤務しているわけではない。よって、例えば「浪人生の理系クラス担任に会いたい」であれば、生徒の在校に合わせて勤務する可能性が高い午前から夕方までに訪問を行いたい。また「現役生コースの担任への面会希望」ならば高校生が放課後に通学することを想定して午後以降に訪問すると面会の可能性が高まるであろう。

注
1) 中央教育審議会答申「第14期答申（1991年4月）」において、「高等学校に能力・適性、進路、興味・関心等のきわめて多様な生徒が入学していることなどを踏まえ、高校教育の改革を推進する必要がある」と述べている。
2) 1985～87（昭和60～62）年の臨時教育審議会、1991（平成3）年4月の中央教育審議会（第14期）において、「高等学校に多様な生徒が入学していることを踏まえた高校教育の改革を推進する必要がある」と指摘し、学校制度や教育内容について幅広い提言が行われた、その答申を受け、文部省（現文部科学省）は各都道府県に対する新しいタイプの高校づくりや学校設置の弾力化等について、その実施を指導するとともに「高等学校教育の改革の推進に関する会議」を発足させた。以降、各都道府県で具体的な高校改革が始まる。東京都では1997（平成9）年の「都立高校改革推進計画」の発表後、「新タイプの高校づくり」が検討され、2001（平成13）年9月には学習・進路の指導を強化した「進学指導重点校」4校が指定された。以降は「進学指導特別推進校・進学指導推進校」等、上記に準ずる高校が指定されている。
3) 中央教育審議会高大接続特別部会（2014）第20回「高大接続部会における答申案とりまとめに向けた要点の整理（案）」の8～9ページ「①各大学の個別選抜改革」から、「選抜性が高い大学」「（同）中程度の大学」「（同）機能しなくなっている大学」の区分を参考にした。
4) 本来であればすべての学部パンフを渡すべきだが、学部数が多い大学ではすべての冊子を渡されることに拒絶感を示す高校も見られる。例えば名古屋大学では9学部（医学科と保健学科に分けるためパンフレットは10種類）ある。これに全学パンフと選抜要項を渡すと12冊になり、需要が少ない県外の高校は喜ばない上に、説明する側も焦点がぶれてしまう。以上から、全国的に需要がある理学部や工学部のパンフレットは渡して、相手の求める学部を

聞き出した上で渡すことが効果的な配付といえる。

5)　筆者が勤務する大学の入試説明会は、本学で実施する説明会は全学部の教員がそれぞれの持ち時間で「学部説明とテーマに関する報告」で実施している（地方の説明会は全学担当のアドミッション教員がまとめて説明）。

6)　とりわけ共通テストを課さない公募制の総合型・学校推薦型選抜では、面接や小論文など、「当日点」のウェイトが高まる傾向にあるため、指導する教員は過去の出題事例等を参考に担任だけでなく学年や学校全体で対策を講じる高校もある。

7)　年内実施の「総合型・学校推薦型選抜」がある大学では、選抜要項の発行を待たずに暫定情報として 5 ～ 6 月に入試説明会を開催する場合もある。

8)　2005（平成 17）年 1 月の中央教育審議会答申「わが国の高等教育の将来像」において、「大学は、教育と研究を本来的な使命としているが、現在においては、大学の社会貢献（地域社会・経済社会・国際社会等広い意味での社会全体の発展への寄与）の重要性が強調されるようになってきている。」と、大学の使命に社会貢献を加え、その重要性を指摘している。

9)　文部科学省は 2016（平成 28）年度から入学定員を超過した大学に対する「私立大学等経常費補助金」の配分基準を厳格化したが、その後 2018（平成 30）年 9 月に同省より各学校法人宛に「平成 31 年度以降の定員管理に係る私立大学等経常費補助金の取扱について」の通知を出し「入学定員充足率が 1.0 倍を超えた際に学生経費相当額を減額するペナルティ措置は、当面実施を見送り、3 年後を目処に実施か否かを再検討する」とした（同省ホームページより）。

10)　校舎の規模によるが、校舎長などの管理職も担任業務を担う場合もあるので事前に確認すると良い。

第3部

「大学の内部構成員」との
コミュニケーションを考える

　大学による高校や予備校との人的コミュニケーションは主に教職員や在学生によって行われています。大学が正確で肯定的な情報を高校や予備校に伝達するためには、教職員や在学生の大学への満足度を高めることが重要です。大学に満足する教職員や在学生は生き生きと大学の肯定的な情報を伝達するでしょう。しかし、大学に不満を持つ教職員や在学生はおのずと否定的な情報を伝達してしまいます。

　第5章では、教職員の大学への満足度の向上についての考察を行い、その上で、教職員への情報の伝達・共有について事例から考察します。

　第6章では、在学生の満足度の向上についての考察を行います。はじめに不満を持って入学する学生の状況、そして、これらの学生たちの満足度を向上させる取り組みを事例から考察します。

第 **5** 章

教職員とのコミュニケーション

　学生募集活動には、入試や広報関係部署の教職員のみならず、それ以外の
部署の教職員も間接的に関与している。例えば、「面倒見の良さ」を標榜する
大学を訪問した高校生が学内で迷い場所を尋ねようとした際に、もし教職員が
無視するような態度をとった場合、その高校生は大学が発信する「面倒見が良
い大学」というメッセージを信用しなくなるであろう。高校や受験生にとって
は、どの部門の所属する教職員も「同じ大学の教職員」なのであり、出会った
学生や教職員の姿から大学を判断するのである。

　各々の担当業務においても、直接的・間接的に学生の学生生活を支援してい
ることから、業務成果の向上が学生の大学への満足度の向上につながり、学生
の肯定的なクチコミを生み出す。そしてそれが高校教員の大学評価や受験生の
大学選択に影響を与えるのである。

　また、大学の教育内容は合格率などの数値化されたものを除いて外部から見
えにくい特性を持つ。そこで内部構成員となる学生や教職員の発信するクチコ
ミ情報や態度などが大学評価の指標として用いられる。

　そのため大学は、すべての教職員に対して、①教職員一人ひとりが学生募
集活動に関わっていることへの理解、②建学の理念に基づく大学の方向性の理
解、③正確で最新の情報の理解、④前向きに業務に取り組む態度の醸成などに
取り組まなければならない。

　本章では、はじめにインターナル・マーケティングの視点から教職員が学生
募集に果たす役割について考察する。次に、教職員の積極的な学生募集活動へ

の関与を引き出す大学への満足度はどのようなプロセスを経て形成されるのかについて、顧客満足の先行研究から概観し、その上でブランドが持つ教職員の満足度に与える影響について事例を示す。

　また大学内の情報や大学を取り巻く環境に関する情報の収集と情報を共有するシステムは大学と教職員との重要なコミュニケーションツールとなるのであり、高校訪問や進学説明会などの事例から考察する。

1.　教職員と大学のコミュニケーション

（1）　教職員の重要性

　顧客の満足を得るためには、企業は従業員を満足させなければならないと多くの研究者が指摘する（山本, 1999；Grönroos, 2007 他）。顧客が不満を持つ場面では、サービス提供者の態度が原因となることが多いためである（山本, 1999）。企業は、従業員を企業内部の“顧客”として捉え、従業員のニーズや満足の充足度を図る取組みを行っており、これをインターナル・マーケティングと呼ぶ。

　図5-1 は、顧客満足を生成するためのインターナル・マーケティングの流れを示したものである。職場環境や職務の内容、従業員への教育や表彰の制度など労働環境の整備を行うことで、従業員の職場への満足度が向上する。これにより職場への帰属意識や業務態度が向上し、顧客に提案される価値も向上することで顧客満足も向上するようになる。

　また、Grönroos（2008）によると、インターナル・マーケティングは次の

図 5-1　企業内における顧客満足生成ルート
出所：Heskett et al.（1994）を参考に筆者作成

3点に効果を発揮する。第1は自社の持つサービス文化を従業員に理解させることである。第2は自社のサービス提供の方向性を変更する際に従業員に理解させることである。そして第3は自社の新たなサービスや商品、キャンペーンなどの内容を従業員に理解させることである。

　すなわち、企業の基本的な考え方や最新の情報を迅速に従業員に理解させることで、顧客に企業が生み出す価値を正確に提供することができるようになることが、インターナル・マーケティングの目的の1つである。

（2）　教職員が果たす学生募集活動の役割

　大学の教育内容等は可視化が困難であり入学前に正確に把握することができない。資格の合格率や就職率などの結果を把握することは可能であるが、資格取得するまでの実際のサポート体制の様子などのプロセスや、学生生活の様子や大学の雰囲気などの把握は困難である。そこで重視されるのが、内部構成員である学生のクチコミであることを第1章では明らかにした。しかし、大学の内部構成員は学生だけではない。教職員のクチコミや態度も大学の様子を把握する重要な手がかりとなる。

　また、大学が発信するメッセージは、大学全体で共有し実行されなければならない。たとえ大学が受験生向けに優れたメッセージを発信しても、もし学生募集に関連する業務は入試担当部署だけの業務だと学内で考えられているのであれば、思ったような成果が上がるとは限らない。内部構成員一人ひとりの行動が学生募集活動につながっていることを意識し行動しなければならないのである。

　しかし、同じ大学に勤務するというだけで、すべての教職員が大学に対し自然に同じイメージや同じ情報を持ち得るわけではない。例えば、教務担当職員と学生生活担当職員では、大学を評価する視点が異なるであろう。前者はカリキュラム等教育課程に関する知識は豊富であるが、後者はクラブ活動や厚生補導に関する知識が豊富である。また、教員は所属する学部学科に関しては詳しいが、他学部についてはあまり知識を持っていない。このような差異が教職員ごとに大学の特徴の捉え方の相違を生み出すことになる。例えば、"就職率

95％"という結果に対し、「ほとんどの学生が就職できている」と「まだ5％
も就職できない学生がいる」という受け取り方では伝えられるニュアンスが大
きく異なるであろう。

　特に大学担当者と高校教員や受験生との対面でのコミュニケーションは、
"真実の瞬間（Carlzon, 1987）"と呼ばれ、物理的に管理者が立ち入ることが
できない場で行われる。もし、大学担当者が、誤った情報やネガティブな情報
を発信しても誰にもチェックすることができないのである。そのため、事前に
担当者が正確で肯定的な情報を発信するように管理する必要が生じる。

　そのためには、大学に関する最新の情報を認識することや、建学の理念に
基づく大学の方針を理解すること、そして社会環境を理解することが必要であ
る。また、大学に満足し、愛校心や大学への誇りを持つことが肯定的なクチコ
ミ情報の発信や積極的な業務への態度につながる。これらにより教職員は、直
接的・間接的に学生募集活動に積極的に関わるようになるのである。円滑な学
生募集活動を行うためには、教職員一人ひとりが大学を代表する"顔"である
ことを常に意識して業務に携わることが必要となる。

　また大学内部の情報のみならず、大学を取り巻く環境を理解することも重要
である。ともすれば大学内部の者は、自大学での取り組みを"普通のこと"と
思いがちである。しかし、自大学の中では当たり前の内容が、他大学と比べる
と大きな差別化要素となることがある。また反対に、他大学は数段も先進的な
ことを知らずに旧態依然とした行動を取り続けていることもある。外部の最新
の情報に触れることで自大学の立ち位置を理解することは、学生募集を行う上
でも重要であろう。このような情報に触れる機会の1つが高校訪問である。高
校訪問は自学の内容説明を行う場のみならず、他大学がどのような価値を提供
しているのかに触れる機会でもある。したがって、高校訪問で得た情報は学生
募集活動を行う上で大学にとって貴重な情報となるのであり、得た大学内外の
情報を共有する仕組みづくりが不可欠となる。

（3） 大学への満足度の発生メカニズム

Oliver（1980）は、顧客満足を「顧客満足とは消費者の充足反応であり、製品やサービスへの事前期待の消費後の充足や未充足の程度である。」と定義する。清水（1999）はこの期待と結果の差が満足度であるとする期待不一致論により、顧客満足の概念は一応の完成をみたと指摘した。

事前期待は商品への満足に影響を与える要因（Anderson, 1973）であり、知覚された成果が事前期待を超えている場合は満足するが、事前期待より低い場合は不満を抱く（Spreng・MacKenzie・Olshavsky, 1996）。また、顧客満足はロイヤルティ（帰属意識や愛着）や再購買・推奨意向（クチコミ）に影響を与えることから（Oliver, 1980）、顧客満足の向上に伴い推奨意向が向上し、肯定的なクチコミを発信するようになる。併せてロイヤルティも向上し、愛着や帰属意識が向上する。反対に、顧客満足が不満に陥ると推奨意向は低下することから、否定的なクチコミ情報を発信するようになり、同時にロイヤルティや愛着、帰属意識も低下するようになる。

上述の先行研究をまとめたものが図5-2である。推奨意向やロイヤルティは顧客満足の影響を受ける。事後評価が事前期待を上回ることで顧客満足は向上し、推奨意向やロイヤルティも向上する。一方、事前期待が事後評価を上回ると、顧客満足は不満に陥り、推奨意向やロイヤルティが低下し、否定的なクチコミが増加する。そのため、事後評価を事前期待よりも高くすることで顧客満足を発生させ、否定的なクチコミ情報を低減することが重要となる。

顧客満足の生成のプロセスについては諸説あるが、ここでは機能充足仮説を取り上げる。機能充足仮説に基づくと、顧客満足は本質機能と表層機能の2機能から構成されると考えられる（Swan・Comb, 1976）。

図5-2 顧客満足プロセス

　本質機能とは、顧客が支払う対価に対して「当然受け取るべき」と考える要因であることから、たとえニーズが充足されても満足にはならないが、充足されなければ不満足に陥らせる機能である。また、本質機能のどれか1つでも最低許容水準を下回ると他のすべてがいかに良くても不満に陥る。一方、魅力的機能は、必ずしも期待されていないため未充足であっても不満に陥らず、充足すると満足向上の要因となる。したがって、すべての属性を充実させる必要はなく、いずれかを突出させることで、より高い顧客満足を達成することができる（嶋口，1994）。

　機能充足仮説に基づくと、顧客満足は図5-3のプロセスを通る。はじめに本質機能が未充足であれば不満に陥る。本質機能が充足され、表層機能が充足されることで満足になる。また表層機能が未充足の場合は満足でも不満でもどちらでもない状態となる。

　教職員の大学への満足度とは、現状と過去の労働環境の比較である。現状が過去よりも改善・改良された環境であれば満足になる。一方、過去よりも悪い状況になると不満になる。例えば、昇格した場合や給与がアップすると満足になるが、降格や給与が減少した場合は不満を抱くであろう。また、業務を思い切って任せること（権限移譲）も満足度を高める重要な要因である。自分の裁量で仕事ができる範囲が広がることは、上司や組織から「信頼されている」証しであり、それにより自尊心やモチベーションの向上へとつながる。また、「大学のために頑張りたい」という帰属意識や愛校心の向上にもつながるのである。

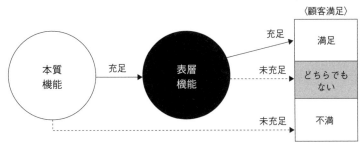

図5-3　機能充足仮説の基づく顧客満足生成プロセス

なお、注目すべきは、「どうしても我慢できない不満」を解消していくことの必要性である。顧客満足の機能充足仮説に基づくと、どのような良い点があっても、1つの我慢できない点があれば不満に陥るのであり、これは一人ひとりで異なるものとなる。教職員一人ひとりと充分な面談を行うことなどにより、個人の考えや希望を綿密に把握することも重要であろう。

（4）　ブランド構築が大学への帰属意識を向上させる

ブランドは、外部に向かって他社との違いを明確な形で発信する約束である。ブランドによる社会的評価の向上は、大学への満足度に影響を及ぼす。所属する大学の社会的評価が高まれば教職員も自大学を誇りに感じ大学への満足度が向上するであろう。そして、それが肯定的なクチコミ情報の発信、愛校心や帰属意識の向上につながるのである。例えば東京大学については「日本で一番入試偏差値が高い大学」「日本を代表する研究力が優れた大学」などのブランド・イメージが想起されるであろう。それに伴い、社会からは東京大学に在籍する学生や教職員に対しても優秀な人というイメージを持たれるのであり、また学生や教職員も東京大学に所属することを誇りに思うであろう。

大学がブランドを用いて外部に向けた明確なメッセージは、内部構成員にとっても理解しやすいものとなる。学生や教職員は大学が発信するメッセージに触れることで、「本学は〇〇な大学である」というイメージを共有するようになるのであり、学生や教職員の大学に対するイメージを統一させる効果を持つ。この共有したイメージは、「〇〇な大学ならばこのように対応を行うべきだ」など一人ひとりの行動規範となり、普段の取り組みや行動にも影響を与えるようになる。このように、ブランドは外部だけでなく、内部にも有効なメッセージを発信するのである。以下は、ブランド構築により教職員の意識が変化した事例である。

（5）　Ａ大学のブランド構築と内部構成員への影響（事例）

Ａ大学は、旧制の女学校から発展し、現在では5学部を有する女子大学である。地域からの評価も高く順調な学生募集状況であったが、1990年代の後半

から 2000 年代の前半にかけて急激な 18 歳人口の急減期の影響を受け、急速に学生募集が厳しくなり、2006（平成 18）年には入学定員の充足が厳しい状況となった。

　そこで行われたのが、教育理念の見直しをはじめとする新たな大学ブランドの構築への取り組みである。そして、ブランド構築への取組みが学内に浸透し始めると、再び偏差値が上昇し、志願数が増加するようになったのである。

1）　教育理念の見直し

　A大学がはじめに取り組んだのは、教育理念の見直しである。「本学が何を目指しているのか、教職員にはわかり難さがありました」と事務系管理職のA氏が述べるように、大学のめざす教育の捉え方が人それぞれに異なっていたことが明らかになったのである。そこで着目したのが建学の理念に立ち返ることである。まずは建学の理念が現代にも通用することを教職員間で再確認を行った。そして、さまざまな場所に建学の理念をボードで掲示することで、常に教職員や学生が建学理念に触れることができるようにしたのである。企業等では、オフィスに掲示された企業理念の朝礼での唱和や、企業理念や行動指針が書かれたカードを常に携帯するなどが行われているが、それを大学に合うようにアレンジしたものである。また法人棟には学園の歴史コーナーを設置し、誰でも自由に見学ができるようにすることで、教職員や学生が建学理念や大学の歴史を身近に感じることができるなどの工夫も行われている。

2）　大学ブランド構築への取り組み

　建学の理念の再確認を行ったことにより、大学の向かうべき方向性が明確になったことが大学ブランドの構築に取り組む契機となり、社会で活躍する女性を育成するという教育理念に基づくブランド構築への取り組みが開始された。「女子大学ですから、女性の満足度を高めることが重要です。女子大学であることを強く意識した大学づくりが重要だと考えています。」とB氏（教員）という声に代表されるように、ブランドとは「内部の熟成」であるとA氏は述べる。「教職員や学生が自分の大学を誇りに思えるようになることが本当のブランド力だと考えています」（A氏）、また「ブランド構築は外部発信のためだと思われがちですが、逆に中に厚くすることで、学生や教職員の大学への満足度

を高めることが重要だと思っています」（C氏：事務管理職）など、内部構成員となる学生や教職員の満足度を高めることをブランド構築の目的であると位置づける。そして、そのためには、内部環境の向上と社会的評価の向上の双方が重要だとする。

3） 内部環境の向上への取り組み

内部環境は3点が挙げられる。第1は施設設備や装飾の充実である。「女子大なので女性が満足する施設整備は重要です」とC氏が述べるように、学内施設の改修・整備や、装飾による学内施設の美化が進められている。第2が教育課程の整備である。「学生たちの英語力向上のために毎月TOEICが学内で受験できるようにしています。また、受験料も大学が半額を負担しています」（A氏）などのサポートが行われている。そして、第3が、教職員の人事制度の再構築である。「学生のみならず教育を提供する教職員の満足を向上させないと良い教育の提供が行えない」（A氏）との考えから、職場環境の整備として新たな人事制度の導入を計画している。

4） 社会的評価の向上への取り組み

「ファッション雑誌には学生の氏名を出さないという取組みは数年前から始めました。このことは新聞にも取り上げられました」（B氏）と述べるように、ファッション雑誌で読者モデルを務める学生の大学名掲載を禁止している。A大学は地元のいわゆる"お嬢様大学"であるが、従来の華やかなイメージから、"真面目に頑張る"お嬢様大学への転換を図っている。それにより「同級生の華やかさについていく自信がない」という理由で敬遠していた受験生の取り込みも行えるようになったのである。

このように、A大学では、ブランド構築への取り組みを、学生や教職員が自校に誇りを持つことや自校の方向性を理解することなど、学内構成員の満足度の向上や意識の共有対策として捉えているのである。

2.　学生募集情報の共有

（1）　学生募集情報の「インプット・アウトプット」

　学生募集のための情報収集とその活用については、インプット（情報収集）として高校訪問等から個々の情報（学習、進路指導状況他）を得ることが挙げられる。一方でアウトプットは、それらの情報を学内に向けて発信と共有を行い、入試や教学環境など、高校情報を活かして改革に活用できる素地として広く活用する。

　高校訪問で得られた情報を、学内に持ち帰った後でいかに効率良く学内に向けて発信・共有、そして活用するべきか。1日あるいは一度の出張で多数の高校を訪問し、そこで得たさまざまな情報を学内へ適切に伝達することは、入試や入試広報に限らず大学の教育活動全般において効果的である。

　一般的に、大学の教員や事務職員が高校の進路指導などの教育活動について精通している者は多いとはいえないだろう。その中で、学内では入試広報の担当者や担当を経験した者が、高校事情についてある程度把握していると考えられる。その情報を学内へ有効に伝え、さらに高校にリターンできる大学こそが高校から信頼される「ニーズある大学」といえよう。

　以上の情報収集を行った次の作業は学内への「発信と共有」である。高校訪問は報告書の作成、トピックスなどをまとめて関係者にメールすることがひとつの伝達方法といえるが、受け取った側はその属性によって関心箇所は異なるであろう。例えば学部教員の場合、当該学部については強い関心を示すものの他学部については「別の世界」と見なす者も少なくなく関心は総じて低い。事務職員もしかりで、自身の業務に関わることのみ確認する程度で読み流すパターンが一般的である。まさに大学は、「木を見て森を見ず」の典型といえよう。

　本節では、インプットである高校訪問後の報告書の作成とアウトプットの情報共有について取り上げる。業務多忙の中で、出張後に「もう一仕事」があることは気が重いが、これを実行するか否かで入試広報の学内効果（成果）は大きく異なるので、「報告書を書き上げて回覧する」までが仕事と割り切り、

励んで欲しい。

（2） 高校訪問後の報告書の作成と情報共有について

1） 報告書の作成「3つの効果」

　高校訪問後に作成する報告書は次の3つの効果が期待できる。一つ目は「学内への効果」である。学内向けに高校の事情や要望等についてタイムリーに伝えることで、大学組織として高校情報に精通し、今後の大学改革等に向けて有効に活用できよう。例えば近年の入試改革による「主体性等の評価」に関することである。また、改訂された調査書はすべての選抜で学力の3要素を評価することが促されていることに鑑み、入学者選抜を担う組織にとって高校の取組等の情報収集は今後も欠かせない。

　併せて、学内他の教職員が同一高校の訪問を行う際の貴重なデータにもなる。これは「情報の共有」だけにとどまらず、訪問を考えていた高校に対し「前任者の報告内容から提供する話題を絞ることができる」や「対応者の氏名を把握することで、同じ先生が面会した場合はその節の御礼を伝えることで学内の連携が取れていることのアピールができ、かつ本題に直ちに入ることが可能」などの利点も生じる。これは、訪問した際に「また同じ大学の方に同じ話をしなければならないのですか」等、先方からの嫌悪感を防ぐ意も含まれる。

　二つ目は「学外からの評価」である。これは前述の「学内への効果」の延長線上にあり、高校情報を大学全体で把握することは、高校側に立てば「高校事情に詳しい○大学」として良好な評価を受けることも考えられ、「あの大学は高校（受験生）のことをしっかり理解して入試の制度設計を行っている」と信頼感と安心感が強まり、志願につながる期待も高まるであろう。

　そして三つ目が「（訪問者）自身へのリターン」である。次回もその高校が訪問予定であれば、この報告書は再訪時の「備忘録」として活用できる。前回訪問時の様子が詳述されているので、新たな記載事項が少なくなるうえ「前回は文系学部の推薦入試に関心が持たれていたので、そこから話を切り出そう」等、次回の訪問では相手が求める話題を振りやすくなる。

　また、「書くこと」については、訪問校のことを知らない教職員が大半であ

ることを考慮して、単なる訪問報告ではなく「(訪問校の) プロフィール」を上段に書いてから報告に入れば読む側に情報が伝わりやすくなるであろう。「当該地域のトップ進学校」や「地方に立地するため、東大レベルから中学の学習レベルも厳しい生徒もいる等、学力幅が大きい高校」等、“脇の情報”を添えることにより、読み手のイメージが膨らむ。もっともこのような表現は慣れが必要である。報告書の作成が慣れた段階で更なる工夫を凝らしたい。

　2)　報告書「何を書く？」

① 　高校訪問報告書への記載事項

　表5-1は (1) を踏まえた記入例である。概要 (基本データ) として、訪問校のプロフィール (高校情報・合格実績・自大学の合格状況等) を上段に、続いて中下段に報告書の話題の中心となる「話したこと」「聞いたこと」を記述する。

　表の「基本情報」は訪問先の高校を事前に知っておくことで「何の話から始めるか」などポイントを絞って話すことができるため大変有用である。同じ地域の高校でも、トップと中堅レベルでは聞きたい内容が「異なる」ことを認識しておきたい。

　なお記載する内容は、初回に作成しておけば翌年度以降は数値の更新程度で済み、また大半の箇所が訪問以前に入力が可能なことから年度初めに一斉に取り組んでおくとよい。

　慣れると1日に5〜6校の訪問が可能になることから、訪問校すべてを報告すれば必然的にページ数が膨らむ。書く方も大変だが読む方も大変である。そこで読み手に少しでも関心を促すために下線部等で強調し、「せめてここだけは目を通して欲しい」と促す。前述の通り、一般的に学部教員は所属先以外の情報は関心が低いため、総合大学はまとめ方に工夫を要するであろう。

　あるいは学部単独の報告は全学や他学部には知らせずに、個々の「学部情報」として別途報告する方法もある。内容によっては、「他の学部には知られたくない」項目が含まれることから、それらについては報告の方法を柔軟に対応することも必要である。

表 5-1 高校訪問の報告書記入例

基本情報（訪問前に下調べ）	訪問日、高校名、面会者（肩書、担当教科）	6月17日（水）県立A高校　○×先生（進路主任、英語）
	高校情報（概要）★	○県△地方のトップ進学校（共学）※県の進学対策重点校、※SSH校
	高校情報（データ）★	クラス数　3年は普通科7、理数科1の計8クラス（うち理系5）320名規模
	合格実績★	国公立大学の合格実績　226（昨年190）浪人90（昨年126）
	大学合格実績★	主な合格大学　A大16、B大8、C大15、D大（地元）58、E工業大（地元）17、F公立大7
	（勤務）大学の情報★	自大学の合格数志願24、合格8（入学6）G学部（3志、1合）、H学部（12志、4合）、I学部（6志、2合）、J学部（3志、合0）
訪問で得た情報（話したこと・聞いたこと）	話したこと	・入試変更点（特にH学部の前期日程の科目変更に質問あり） ・文系学部の主な就職先（聞かれたので） ・海外留学について
	聞いたこと①	・英語の4技能対応「○社の△を全学年で◇月に採用」 ・主体性等の評価について「総合学習の時間に入力させている程度」
	聞いたこと②	・医学科志望は20人程度（増えた） ・H学部は4人合格したが1人は他大学に進学（△大へ）。また、I学部も2人合格のうち「1名は医学科狙いだったので浪人しています」。 ・G学部の推薦入試は2名志願して1名合格した。「センター試験で低いほうが合格した」やはり推薦書と志願理由書をしっかり読んでくれたと担任団は納得していえる。
	その他	・現役志向がより強まった→今年の3年も国公立大の推薦・AO志望が増加している ・今月に入って、△大学が学部ごとに説明に来られる。近隣の国立大学なので訪問自体は歓迎するが、横（学部間）のつながりがまったく無いようで、訪問の度に同じ話をしなければならない。 ・「夏のオープンキャンパスには生徒が多数行くと思うので、その節はよろしくお願いします」とのこと（特に2年生は夏季業中の課題として「最低2大学のオープンキャンパスに参加すること」としてある）

②　基本情報の記載

・クラス数（各学年）、文系理系（3年）、浪人数（卒業した学年）

・卒業年度の国公立大合格実績、勤務する大学の合格（入学）数

　訪問高校の基本情報については、概ね各校のホームページに掲載してあるため、ある程度は訪問前に情報収集が可能である。よってこれらの項目は予め入力しておくと、帰学してからの負担が軽減される。新年度の情報については高校によって異なるものの、5月頃には更新されることが多い。なお、「文系理系のクラス数」や「浪人数」については公開する高校は少ないため、これらを含めて未確認の項目については訪問時の序盤に聞き出すと良い。「文系理系（のクラス数）」や「浪人数（の増減）」が把握できた時点で、大学・学部・入試等の「話す順序」がおのずと決まるからである。

　「文系理系（のクラス数）」や「浪人数」は、一見聞く価値がない印象を与えるが、経年で比較すると興味深いことがわかってくる。例えば、「今年の3学年の理系は4クラスで、昨年より1クラス増えた」とあれば、理系担当の訪問者は理系学部の話題提供に入りやすくなるであろう。また理系学部でなくても、（訪問者が）国公立大学であれば「（国公立大と私立大で）学費差が拡がるのは概ね理系学部なので、理系学部中心に話題を組み立てる」ことも可能である。学部は学部コード順に文系から始まるため大学案内などの順序も「文系始まり」が多いが、上述のように「理系が増えた」のであれば、理系学部から紹介を始めたほうが効果的である。

　また「浪人数（の増減）」については、当校の「総合型・学校推薦型選抜の関心有無」につながるためヒアリングしておきたい項目である。近年は現役志向が高まり、地域のトップ校以外の浪人数は卒業生の1割程度まで減る傾向にある[1]。そのような高校は「指導が熱心」である可能性が高く、（指導に時間を要する）総合型や学校推薦型の選抜にも関心が及ぶ期待が高まる。

　以上のことが把握できた段階で、相手が「聞きたいこと」が想定できることからそれに応じた話題の提供が可能になるであろう。それらを報告書に記し学内で共有することで、他の訪問予定者も事前情報を予め入手することで効率良い訪問が行いやすくなる。

┌─ コラム │「相手の顔を覚えるには」├─────────────

　筆者の高校訪問は「2泊3日の出張で15校」を基本にしています。（高校の）所在地にもよりますが、各校の距離が近いと1日6校の訪問も可能になります（朝イチが9時、最終が16時半の訪問パターン）。その場合、一番苦労することは意外にも「聞いた・話した」内容ではなく（こちらはメモをとるので問題なし）、お会いした先生の「お顔」の記憶かもしれません。「2番目に訪問した〇高校の△先生はどのようなお顔だったか…」名前と顔まで記憶にとどめておけば次回（筆者の場合は「翌年」）訪問するときも話は自然にはずみます。筆者の場合は訪問メモに先生の名前と「顔の特徴（俳優Xに似ている…）」などを簡単に書いておけば再訪時に粗相が防げます（異動されると厳しいですが）。大学訪問は民間企業の担当者のように頻繁に訪問できるわけではないため、少ない頻度でもしっかり特徴を掴んでおくことも大切であるといえそうです。

（3）　学内へのアウトプット

　本節では高校訪問で得た情報を学内に向けて発信・共有することを「アウトプット」と位置付けた。主な業務内容は訪問後に「報告書を作成して関係者に送信」して共有することである。作成や処理には個人差があり、表5-1のような統一フォームがあれば入力しやすい上に共有も行いやすくなる。アウトプットはインプット以上に重要とされるが（斎藤，2020）、発信や共有の手段が確立していない組織では、高校などの外部から得た情報を結果的に放置してしまうことが考えられる。多忙な大学教員、事務職員に対してアウトプットを効果的に伝えるには冊子化や研修等、視覚や行動にて示すことが普及しやすいといえる。以下は、筆者が実際に勤務した大学にて取り組むアウトプットの一例である。

1）　ニューズレターの作成

　筆者が所属するA大学アドミッション部門では、学内限定でニューズレターを発行し、入試情報や本学入試の簡単な分析報告など、アドミッションに関する活動報告を行っている。表裏2面とコンパクトに仕上げて「読みやすさ・わかりやすさ」を前面に出している（発行は年2回）。

　学内限定であることから、可能な限り学内向けの話題に絞り、多くの構成

員が関心を持つテーマや、入試に関する旬な話題を提供することを心掛けている。

　参考までにこれまでのテーマについて紹介する。

・第1号「都道府県別センター試験・A大志願者数データの分析結果報告」「高校調査・訪問報告」

・第2号「A大学の推薦入試実態分析」「進学相談会に積極参加」

・第3号「受験産業による入試難易度予測の影響とは？」「東海圏外のA大学志願に関する高校の事情について」

・第4号「新入生アンケートの分析結果報告」「（混迷する大学入試改革）A大学は今」

・第5号「出願時アンケート」「オンライン相談会」

2）　高校訪問用冊子の作成（高校訪問ガイドブック）

「高校訪問ガイドブック」とは、筆者が勤務したBおよびC大学にて作成した、県内外問わず高校訪問をする際のノウハウを詰めた「虎の巻」的存在の冊子である。本文の元データは、基本的には過去の高校訪問報告書からの引用であり、都道府県ごとに高校入試制度や高校の国公立志向、地元志向の傾向などを作成し、訪問者が知りたい情報を整理して一冊にまとめている。概ね県単位で、高校事情や自大学への評価・反応などを記している。

　主な掲載項目は以下の通りである。

・○県のデータ（人口や高校数、勤務大学からの交通手段や移動時間）

・○県の高校の進路概要

・アポイント・訪問時の注意

・訪問効果のある高校（5校程度）

以上を県ごとにまとめて、B大学（あるいはC大学）に関心がある15～20県を紹介・解説している。

3）　高校訪問に関する学内教職員対象研修会の実施

　1）2）で示した「印刷物は読まないが、研修ならば参加[2]する」タイプに適しているのが「高校訪問の研修（エキスパート講座）」である。筆者が勤務していたC大学では年に数回実施し、多い回では教員事務職員を問わず20

人以上の参加があった。なお、筆者が資料を作成し講師も担当した（上司に相当する担当理事がその都度挨拶）。研修内容は2パートに分け、前半は講義形式で「大学入試の現状」から始まり、「現在の高校における進路・学習指導」や「県内外の高校がイメージする本学（学部）」そして「（訪問時に）高校教員が聞きたいこと」など、高校訪問に関連する重要な話題提供を行った。

　後半は筆者が高校教員にふんして学部教員と質疑応答する「訪問演習」である（あるいはワークッショップ形式）。高校教員はこれまで筆者が接した「普通タイプ・陽気タイプ・気むずかしい」などの数タイプから参加者が選択して、それに合わせて演じるなど、時折笑いを交えながら相手を飽きさせない工夫を凝らして進行した。

（4）　報告書を通じた学内コミュニケーションの充実

　大学にとって学生募集活動の主要業務といえる高校訪問は、実施と同レベルで事後の「報告書作成と学内の共有」の価値が高いといえよう。この報告書が回覧されることで、学内における学外の様子を知るきっかけになり、ひいては学内コミュニケーションの充実・向上につながる。努力目標ではなく必須化させたい重要事項である。

　この報告書の作成を民間企業の営業に例えるならば、「得意先に訪問した」だけでは社内では何ら評価されないことと同じ意である。「先方と何を話してどのような反応があったのか、何か問題はなかったのか…」などの報告（書）がなければ成果を確かめようがない。上司はその報告書をもとに新たな指示や決定をする場合があるからである。

　一方で、大学は組織の上下関係が比較的フラットであり、報告書の作成がなくてもお答めがない場合が一般的であろう。もっとも、学生募集活動自体が一部を除き「積極的とはいえない」ため、必然的に輪番で各々が担当することになる。よって訪問者個人の力量で訪問先の評価に反映されるのが実情であり、組織力を底上げすることが急務といえよう。

　いずれにしても大学を広報することの重要性は、今や学長や役員をはじめ学内関係者誰もが認識していることである。以前は入試広報に疎かった国立大学

にもアドミッション組織が各大学に設置されて入試広報は「主たる業務」のひ
とつと認識している（倉元，2016）。

　大学組織はスペシャリスト（あるいはエキスパート）で構成されているが、
殊に「学生募集」に関しては上述の通り縦割的な組織構造が伝達効率を下げて
いる。上述の高校や勤務する大学情報の「インプット・アウトプット」につい
て、横断的に束ね学内外に発信できるゼネラリストの確立が急がれよう。

注
1)　これまでの筆者の訪問（聞き取り調査）から。トップ校では「3～5割が浪人する」旨の
　　回答が多い。
2)　FD・SD や研修等の参加を義務づける大学には効果的である。

第 6 章

不満を持つ学生の入学状況

1. 学生の不満

　本節では、自分の入学する大学に対して不満を持つ学生の状況について、不本意入学という観点から、これまでの調査・研究を中心に概観していきたい。

（1）　不本意入学とは

　最初に、本節で取り扱う不本意入学の時間軸を確認しておきたい。一口に不本意入学といっても、小林（2000）が、入学時に不本意感が発生する要因を類型化する一方で、志望の大学、学部に入ったものの、入学後に不本意感が生じてくる場合があることを指摘しているように、不本意入学の時間軸には少なくとも、入学時点を境にして、入学前から入学時点と入学時点以降、いわゆる入学後の二つの期間が存在する。このうち、入学後に発生する不本意感について、例えば、ベネッセ教育研究開発センター（2008）は、「気の合う友人が少ない」「クラブ・サークルがつまらない」「講義がおもしろくない」「学習内容のミスマッチ」「教員との交流が少ない」など、入学前とのギャップを要因とする不本意感をあげているが、本節では、入学前から入学時の期間に絞って、不本意入学の状況を確認していきたい。というのも、本節のタイトルが「入学状況」とあり、まさに入学時点を示しているからである。また、先行研究を見ると、小林（2000）は、「自分の意に添わず入学すること」、望月（2007）は、「本当はこの大学に入るのが希望ではなかったが、仕方なく来たというように、

不本意な感じをもちながらの入学を示すもの」と、不本意入学をそれぞれ定義
している。つまり、不本意入学とは、入学を希望していた以外の学校に本来は
入学したくはなかったが、最終的に不満を抱えながらも入学することを選択し
た者ということになる。そのため、本節ではこれらの先行研究に依拠し、不本
意入学の時間軸を、入学することを決めた時点から実際に入学する時点までの
期間に焦点化して、現状を見ていきたい。

（2）　不満を持つ学生の入学状況を把握する意味

　次に、なぜ不満を持つ学生の現状把握が必要なのかについて改めて確認して
おきたい。このように書くと、高等教育機関の関係者からは、教育改善や学生
支援、また、休学率や中退率の抑制、在学生の口コミによる募集活動対策等の
ためであり、何をいまさらというご指摘をいただくかもしれない。もちろん、
これらの教育的視点や大学経営の視点から、不満学生の現状把握が重要である
ことは言うまでもない。しかし、ここで強調したいのは、学生の目線から改め
て考えてみるということである。森（2013）は不本意入学者に対するインタ
ビュー調査から、「目標にしていた大学に受からなかったことは学生にとって
は人生の一大事である」と指摘している。また、宮田（2015）は、「不本意入
学者は、その後の人生において劣等感やコンプレックス、勉強をしたいという
気持ちを数十年にわたって引きずり、大学生活、恋愛・結婚、育児に影響が及
ぶ」と述べている。つまり、学生当事者側から見た場合、社会に出る前の最終
教育機関となる大学への不本意入学は、大学入学時の問題に留まらず、大学入
学時を起点とした一生の問題へと発展する可能性を潜在させているのである。
だからこそ、学生を受け入れる側の高等教育機関に関わる者が、不本意入学の
状況を把握することは、学生の一生に影響を及ぼさないための不満の緩和・解
消策の第一歩を考えていくという意味において必要不可欠となる。また、高校
生を高等教育機関に送り出す高校側にとっても、不本意入学が生徒の一生に影
響を及ぼす可能性があることを意識した進路指導を実践するという観点から、
不本意入学の状況を把握することが必要であると考えられる。

（3） なぜ不本意と感じるのか

入学時の不本意入学の発生要因について、小林（2000）は、「第一志望不合格型」「合格優先型」「就職優先型」「家庭の事情型」「学歴目的型」の類型に整理している。そして、不本意感はあくまでも本人の気持ちと関係すると述べている。確かに、竹内（2014）が中部・近畿地方に所在する3つの4年制私立大学の新入生対象に行った調査では、第二志望以下でも不本意入学ではないという割合が36.8%みられ、少なくとも、例えば、志望度という単一の尺度のみでは不本意入学を規定できないことがわかる。

一方で、不本意感を発生させる本人の気持ちの背景には入試による選抜という社会的構造があることを押さえておく必要があるだろう。仮に、入試による選抜がなければ、入学を希望する大学に志願者全員が入学できることになるため、不本意入学者は発生しないということになるからである。ここでは、不本意感を生み出す要因の背景となっている入試制度の仕組みについて確認しておきたい。

入学試験は、入学者志願者が募集人員を上回った場合、入学志願者の中から合格者を選抜する機能を持つ。天野（1982）は、「教育的選抜の基本的な構造として、高い社会的地位を獲得する人々の対極にそれをはるかに上回る数の失敗した人々が生産されていく」と述べ、中澤（2015）は、「競争である以上、必ず敗者が出る」と指摘している。つまり、大学入試という選抜は、成功する者よりも失敗する者を多く輩出する仕組みであり、不本意に感じる者が出ることは制度上、必然的であることがわかる。

また、竹内（1995）は、入試の選抜システムについて、「生徒が模擬試験などによって偏差値55と知らされたとき偏差値68とされる学校への志願は諦めるだろう。しかし頑張れば偏差値60の学校に進学できるのではないか、というようにかえって煽られるのだ」と述べ、このシステムを「細かな学校ランクによる傾斜的選抜システム」と呼んでいる。つまり、日本のすべての大学が偏差値によって細かく序列化され、受験生のアスピレーション（より良いといわれる大学・学部等に入りたいという意欲や野心）を加熱させやすい仕組みとなっているのである。加熱したアスピレーションは希望する大学や学部学科等

に合格できた場合は、満足感や達成感に変換されるため問題ないが、希望する大学や学部学科等に合格できなかった場合、冷却という工程が必要となる。そうしなければ不満が残るからである。しかし、人間は機械とは異なり感情を持ち合わせている。仮に、希望する大学や学部等に合格できなかった者が100人いたとしたら、100人全員が加熱したアスピレーションを冷却できる訳ではない。そして、アスピレーションを冷却できなかった場合、アスピレーションが不本意という不満の感情に変換されてしまうケースが発生するのである。細かな学校ランクは、日本のすべての大学が含まれている。したがって、序列化された中のトップの大学（または学部学科等）を除き、日本のどの大学にも不本意入学者が存在することになる。

　さらに、国立大学の一般入試に出願する場合、この偏差値による細かな序列を、結果として最大限利用することになるのが、大学入学共通テスト後の自己採点結果に基づく出願である。自己採点ではあるが、自分自身のテスト結果を確認してからの事後出願方式のため、受験生は希望よりも合格を優先する度合いが高くなる。したがって、合格の可能性を高めることとの引き換えに、不本意入学のリスクを高めることになるのである。

（4）　不本意入学者の実態

　前項では、入試の選抜システムから不本意入学の構造をみた。では、実際に大学にはどの程度の不本意入学者が存在するのだろうか。ここでは、Trow（1976）が示す高等教育システムの段階のうち、第2次ベビーブームの団塊ジュニアと呼ばれる1980年代の大学進学率が15％〜50％のマス段階から、ユニバーサル段階と位置付けられる大学進学率50％を超えた2000年代以降の状況を概観していきたい[1]。

　まず、大学進学率が15％〜50％のマス段階の不本意入学者の実態について、岩井（1984）は「平均して20％前後存在している」とし、豊嶋（1989）は、1979（昭和54）年度の共通一次試験の導入後、経年で大きな変化が起きていないことを指摘した上で、「旧帝大で1割、地方国立大学では少なくとも2〜3割の学生が明確な不本意感を持っている」と論じている。また、桐山（1997）

の「日本中の大学がランク付けされている中で、受験生は難しい大学、実力程度の大学、滑り止めの大学を受験するのであるから、どの大学にも、自分の大学に入学したことを不本意に思う学生がいる。大学に入学したことに不満な学生が1／3ぐらいの割合になっている」の指摘からもわかるように、マス段階における不本意入学者は、平均で10〜30％台程度の割合で存在していることが窺える。

次に、2000年代以降のユニバーサル段階での不本意入学者の実態である。この段階では、大学進学率が50％を超えるとともに、数字上は、日本の大学への入学希望者総数が入学定員総数を下回る状況を迎えたとされる大学全入時代に突入した。しかし、実際には、文部科学省（2020c）の統計資料では日本の大学への入学希望者総数が入学定員総数を下回る状況は存在しない一方で中教審（2008）では「大学全入時代を迎え」という文言が存在する。これは文部科学省（2014）が、現在の日本の大学を、入学者選抜の観点から、「選抜性が高い大学」、「選抜性が中程度の大学」、「選抜性が機能しなくなっている大学」の三つに区分していることからもわかるように、大学全入時代は、あくまで日本の大学全体をマクロで捉えた場合であり、実態としては、競争が存在する大学群と競争が存在しない大学群に分化していることを意味している。例えば、2018（平成30）年度入試のケースで見た場合、文部科学省（2019）によれば、すべての国公立大学では実質倍率が1.0倍を超え、定員充足率が100％以上となっている。一方、私立大学について、日本私立学校振興・共済事業団私学経営情報センター（2018）によれば、210大学（36.1％）で定員充足率が100％未満となっているように、選抜機能の有無という分化が起こっているのである。

この2000年代以降のユニバーサル段階での不本意入学者の実態について、寺﨑（2006）は、「不本意入学者というのを日本の大学がたくさん抱えていることはもともと否定できない事実である。今いる大学が、本当に自分の入りたかった大学であるかどうかということについて、彼らに自信がないと思って間違いない」と不本意入学者が多くの割合で存在することを指摘している。続けて寺﨑（2010）は、「偏差値的に上のレベルになればなるほど、よそへ行きた

かったと思う率が高い。（中略）日本の大学は不本意入学、不本意学生だらけ
である」と、選抜機能が働く学校群ほど「不本意入学者」が多いと述べ、全体
として不本意入学者の割合が高い中で、特に、競争が激しい大学ほど不本意入
学者が多いと主張している。

　また、森（2013）の「入学直後から学習の動機づけにあふれている新入生
は多くない。新入生は誰しも明るい未来に期待を膨らませているわけではない
という事実に教師は愕然とさせられる」という「不本意入学者」に対するイン
タビュー調査の分析からも、ユニバーサル段階における今日の大学には、不本
意入学者がかなりの割合で存在していることがうかがえる。さらに、不本意入
学と対極にある本意入学者の割合について、山田（2012）は、志望度と入学
満足度の調査より全体の 1/4 程度にとどまっていることを指摘している。

　次に、具体的な不本意入学者の割合をみていきたい。近田（2016）が近畿
地方に所在する選抜性が高い国立大学の学生に実施した調査では、入学時に不
本意感を抱く学生は全体の 1/4 にあたる 25.4% 存在していた。また、私立大
学について、竹内（2014）が中部・近畿地方に所在する 3 つの 4 年制私立大
学の新入生対象の調査では、不本意入学者の割合が約 33% を占めている。同
じく、竹内・定金（2020）の近畿地方に所在する中堅私立大学社会科学部系
学部、理工系学部の新入生を対象として行った調査では、不本意入学者の割合
が全体の約 40% を占める結果を示している。

　一方、志村（2019）は、近畿地方に所在する勤務校（4 年制私立大学）の
2011（平成 23）年度の学生生活実態調査の結果より、第一志望での入学者は
12.7% にとどまり、関西地方の有名私大に入学できなかった不本意入学者が多
かったと分析している。しかしながら、有名私大においても新入生の第一志望
者の割合は 38.6% にとどまっているという調査結果がある[2]。これは、前述の
日本の大学が不本意入学者をたくさん抱えているという寺﨑（2010）の指摘
と一致している。

　以上、本節では、不満を持つ学生の入学状況について、不本意感の発生は本
人の気持ちに依存するところが大きいが、不本意感を発生させる社会的背景に
は、竹内（1995）が述べる大学入試における「細かな学校ランクによる傾斜

的選抜システム」によって、入学を希望する大学や学部学科等へのアスピレーションを加熱させるが、希望する大学や学部学科等に合格できなかった場合の冷却は容易ではない構造となっていることを指摘した上で、1980（昭和55）年以降から今日に至るまでの不本意入学者の実態を概観した。

　まとめると、不本意入学者は、1980年代以降のマス段階から現在のユニバーサル段階にいたるまで、少なくとも平均して20〜30%程度の割合で存在し続けており、今後も、大学入学者選抜が続く限り、受験人口の減少に伴う受験倍率の低下はあっても、不本意入学者の存在はなくならない、すなわち、不満を持って大学に入学する学生がいなくなることはないと考えられるのである。

コラム　「大学教員として、不本意入学の学生と接して感じたこと」

　筆者は、大学教員となって以来、主に、1年生の授業（教養科目）を担当しています。その中のある科目の授業では、「不本意入学」と感じている学生に対して、今後の対処法について考えてもらいレポートを提出してもらう回（時間）を設けています。最近数年間の傾向を見ると、「友人を作る」や「新たな目標を設定する」をあげる学生が多い一方で、「現実を受け入れる」「努力してきたことを思い出す」「諦める」などをあげる学生も一定の割合でいます。

　例えば、「諦める」については、次のような学生がいました。

　「一年浪人もした結果だし諦めました…。でも諦めたら気持ちが楽になりました。一般的に諦めることは良くないこととされているかと思いますが、諦めることは精神的に追い込まれている状況から開放されるので、時と場合によっては良いことだと感じています。少なくとも不本意入学については、一旦諦めるという思考が必要だと自分では思っています」

　また、「努力」については、「自分は不本意入学だが、全力で努力してきた結果なのだから、ある程度現実を受け入れるしかないと思っている」や「私は、不本意入学という結果が失敗だったと考えないようにしている。だって、結果は不本意入学でも、これまで本当に努力してきたからその努力を否定したくないんです」という学生がいました。このような学生は、少数の事例なのかもしれません。しかし、これらのケースは、本文で指摘したように、加熱したアスピレーションを冷却させることが難しい入試システムの中に置かれている私たちに対して、冷却に向かうための重要な示唆を与えてくれていると思えるのです。

2.　入学者の大学満足度の向上への取り組み

　前述のとおり、大学への入学者には、一定数の大学に不満を持つ不本意入学者が含まれる。顧客満足理論に基づくと、大学に不満を持つ学生は、大学の否定的なクチコミ情報を発信することから、学生の大学満足度を向上させ、否定的な情報発信の低減や肯定的な情報発信への転換を図ることが重要となる。

　第3章において、在学生が学生募集広報内容を検討するワークショップが受験生が進学に際して必要とする大学情報を明らかにすることを示したが、ワークショップはもう1つの効果を生み出している。それは、参加者の大学満足度の向上である。大学への満足度は入学後の評価が入学前の評価を上回ることで向上するのであり、ワークショップにより他の学生の大学選択の理由を知ることや大学の広報すべき点を検討することで、新たな大学の魅力を知り、満足度が向上するようになったのである。

　そこで、第3章で取り上げた高知大学において2年間にわたり実施したワークショップの様子から、入学者の大学満足度の向上について考察する。

（1）　大学満足度を向上させるワークショップ

　学生募集広報を検討するワークショップでは、はじめに高知大学の受験時の経験について自身で考え、グループ内で共有を行った。次にグループメンバーの報告内容を基に各自で高知大学の学生募集についてのSWOT分析を行った。そして再び各自のSWOT分析内容をグループで共有し、それを基に高知大学の強みや弱み、脅威や機会等について議論した後、高知大学の学生募集広報内容の検討を行った。

1）　ワークショップに関する学生のコメントの分析

　高知大学で実施した学生募集広報を検討するワークショップは、授業の中で実施したものであり計6回実施したが、回を重ねるごとに授業の出席カードを兼ねたコメントペーパーへのワークショップに関する記述が次第に多く寄せられるようになった。とりわけ、ワークショップを通じて、「新たな大学の魅力

に気付いた」「高知大学が前よりも好きになった」「後輩に高知大学の良さを伝えたい」など、高知大学に対する自身の理解度や気持ちの変化に関する記述が増加するようになったのである。

そこで、学生たちがコメントペーパーの記述した内容をテキストマイニング用のソフトウエアであるKH Coder[3]を用いて分析を行った。

表6-1は、コメントシートの記載内容の中で3回以上出現した単語を回数順に並べたものである。そして、これら単語の階層的クラスター分析を図6-1の通り行った。階層的クラスター分析とは出現パターンが似通った単語を、最も似ている組み合わせから順番にグループにしていく分析手法であり、その過程を階層化して示したものである。

階層ごとに分類されたクラスターは、まず、AおよびB〜E群に2分類することができる。Aはワークショップの"グループ構成への評価"を示すクラスターであり、B〜E群はワークショップの内容を示すクラスター群である。次にB〜E群を、BおよびC〜E群に分類する。Bはワークショップにおける"討議内容への評価"を示すクラスターであり、C〜E群は構成メンバーの意識変化や知識向上を示すクラスターである。Cは大学理解が進むことで創出され

表 6-1　単語の集計結果

(n=48)

抽出語	出現回数	抽出語	出現回数	抽出語	出現回数	抽出語	出現回数
高知大学	(33)	違う	(6)	愛着	(3)	新た	(3)
思う	(22)	情報	(6)	改めて	(3)	深まる	(3)
大学	(17)	ワーク	(5)	学部	(3)	多い	(3)
知る	(17)	学生	(5)	強み	(3)	知れる	(3)
良い	(13)	県内	(5)	見つめる	(3)	伝える	(3)
グループ	(12)	感じる	(4)	広報	(3)	入る	(3)
自分	(12)	県外	(4)	自身	(3)	入学	(3)
考える	(11)	人	(4)	弱み	(3)	必要	(3)
意見	(8)	面白い	(4)	受験生	(3)	聞く	(3)
機会	(8)	たくさん	(3)	出身	(3)	様々	(3)

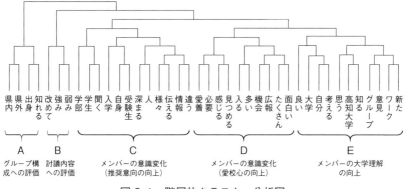

図 6-1　階層的クラスター分析図

た"メンバーの意識変化（推奨意向の向上）"、Ｄは"メンバーの意識変化（愛校心の向上）"、Ｅは"メンバーの大学理解の向上"を示すクラスターであり、ワークショップがメンバーの大学への理解の深化や推奨意向、愛校心の向上をもたらしたことを示している。それでは、クラスターごとに内容を確認したい。

〈Ａクラスター〉

Ａクラスターは、「県内」「県外」「出身」「知れる」など、ワークショップにおけるグループ構成への評価を示しており、さまざまな学生同士のディスカッションにより、新たな大学情報が得られたことを示している。また、関連したコメントには「このグループワークで県外の人から高知大学や周辺環境のよいところをたくさん知れた」などの記述がみられるなど、さまざまな属性を持つメンバーでの話し合いが新たな大学の情報を得ることに効果的であることが示されている。

〈Ｂクラスター〉

Ｂクラスターは、「改めて」「強み」「弱み」の３単語から構成されており、ワークショップにより自大学の強みや弱みを知ることができたことなど、ワークショップにおける討議内容への評価を示している。また、関連したコメントとして「高知大学の特徴や強み・弱みなどについて再認識することができた」「自分の大学の良いところとあまり好ましくないと感じた点を思い出したり考えたりできて、ためになった」などの関連した記述がみられた。

〈Cクラスター〉

Cクラスターは、「学部」「入学」「聞く」「受験生」「伝える」「情報」などの単語から構成されており、グループで大学に関する情報を共有することで大学への知識が増加した結果受験生に大学情報を伝えたいと考えるようになるなど、"メンバーの意識変化（推奨意向の向上）"を示している。関連したコメントには、「高校の後輩に様々な良さを在校生として伝えたいと思うようになりました」「自分自身が入学時に欲しかった情報などを考えることで、これからの受験生などに伝えることができるかもしれないので良いと思った」などの関連した記述がみられた。

〈Dクラスター〉

Dクラスターは、「愛着」「感じる」「機会」「広報」「面白い」などの単語から構成されており、ワークショップにより大学理解を深めることで"メンバーの意識変化（愛校心の向上）"につながることを示している。「思えば、もっと知りたかったことや知っておけばよかったことがたくさんありました。これから知って、上手に活用していこうと思います。大学に愛着もわいてきました」などの関連した記述がみられた。

〈Eクラスター〉

Eクラスターは、「グループ」「意見」「新た」「良い」「高知大学」などの単語から構成されており、グループでの話し合いが、これまでには気づかなかった高知大学の良さを発見したことなど、"メンバーの大学理解の向上"を示している。「高知大学についてあまり詳しく知らずに入学してしまったが入学後に良さがわかった」「グループワークをすることで自分の知らなかった高知大学の魅力を新たに発見することができたのでよかった」「高知大学は、入ってから魅力に気付くことが多いとわかった」などの関連した記述がみられた。

2）　学生の意識変化に関するアンケート調査

このように学生たちが大学の強みや弱みなどを話し合うことが、学生たちの大学理解、愛校心、推奨意向に影響を与えることが明らかになった。そこで、ワークショップ終了後の翌週に、大学理解、愛校心、推奨意向の3点に関するアンケートを実施した。アンケートは無記名で個人が特定できないものとし

た。回答も自由であり、授業終了時に配布し、回答者は教室を出る際に教壇前に提出させた（受講者77名中71名が提出）。

　表6-2がその結果である。大学理解、愛校心、推奨意向について5件法（5：とてもそう思う〜　1：まったく思わない）で自己評価を実施したところ、3点すべての項目の平均値が3.5以上の数値を示す結果となった。とりわけ、大学理解の平均値が高く、ワークショップによって他者の経験を聞く経験により、学生たちは新たな大学の魅力を知ることになったのである。

表6-2　受講生へのアンケート結果

設問項目	N	*M*	*SD*
大学への理解が深まった（大学理解）	71	3.89	0.68
大学への愛着が深まった（愛校心）	71	3.59	0.74
受験生に伝達したい（推奨意向）	71	3.52	1.10

※Mは平均、SDは標準偏差を示す（以下、同様）

3）第2志望以下の学生への効果

　愛校心や推奨意向の向上を検討する際に注目すべきが、不本意入学等を含む第2志望以下への大学に入学した学生たちへの効果である。大学に満足している学生の満足度をより向上させることも重要であるが、否定的なクチコミを減少させるためには、大学に持つ不満の低減や解消がより重要となるのであり、不満を持って入学する学生への対応が課題となるのである。

　そこで、アンケートでは、高知大学の志望度（第1志望または第2志望以下）についても質問している。第1志望者群と不本意入学者になりやすいとされる第2志望以下者群との比較が表6-3である。なお、71名中4名が志望度に関する設問に回答しなかったため67名が対象となる。

　表6-3の通り、第2志望以下の学生も5段階評価の平均値は、大学理解（3.93）、愛校心（3.50）、推奨意向（3.34）である。とりわけ、大学理解については、第2志望以下者群が第1志望者群を平均値で上回る結果となった。これは、大学入試共通テストの結果等で急遽進路変更を行った等の理由から、あま

り大学の内容などに関する情報の探索を行わずに入学したことなどが推測できる。一方、愛校心や推奨意向は第1志望者群が平均値で上回っているが、t検定を行った結果、愛着（t=-1.06, df=65, n.s.）、推奨意向（t=1.07, df=65, n.s.）と、いずれも有意差が認められない。このように、学生が大学の広報内容を検討することは、不本意入学者を含む第2志望以下者群に対しても、第1志望者と同様に愛校心や推奨意向を向上させる効果を持つものであるといえよう。

表6-3　第1志望者と第2志望以外者別アンケート調査結果

設問項目	第1志望者の平均 （標準偏差） n = 35	第2志望以下者 の平均（標準偏差） n = 32	p
大学への理解が深まった（大学理解）	3.85　（0.42）	3.93　（0.44）	0.61 n.s.
大学への愛着が深まった（愛校心）	3.68　（0.39）	3.50　（0.64）	0.29 n.s.
受験生に伝達したい（推奨意向）	3.63　（1.00）	3.34　（1.39）	0.29 n.s.

*p<0.05, **p<0.01, n.s. : not significant.

4) 大学満足度を向上させる学生募集広報ワークショップ

学生募集広報ワークショップが、大学理解、愛校心、推奨意向の3点の向上に寄与した要因については、学生のコメントから以下の2点が浮かび上がる。

第1は学生間で大学の強みや弱みなどについての情報共有を行ったことである。これにより、「他の学生の受験理由をじっくり聞く機会はこれが初めてだった」「グループでの話し合いで、自分が知らなかった大学の良さを知った」「思えば、もっと知りたかったことや知っておけばよかったことがたくさんありました。これから知って、上手に活用していこうと思います。大学に愛着もわいてきました」など、これまで気づかなかった大学の良い点を知ることや大学への知識が増加したのである。

第2は学生自らで大学の広報内容を検討したことである。「自分自身が在学する大学を広報するということで、自身の所属する大学について丁寧に調べるきっかけになってよかった」「一人では思い浮かばなかったような内容も話し合いをする中で出てきて面白かった。また、普段はあまり高知大学について考

えることはないので、改めて考えてみるとよいところが意外にたくさんあって面白かった」などのコメントが示すように、自らで大学の良さを考える機会になったことが、大学への理解を深め、大学への満足度が向上したのである。

　これらを顧客満足理論の枠組みから考察すると、図6-2の通りに示すことができる。大学への満足度は、事後の評価が事前の期待を上回ることで向上し、愛校心や帰属意識、推奨意向を向上させるのである。

　このように、学生たちは、受験時の大学選定の経緯や、大学生活の中で知覚した大学の良さについてグループ内で皆の経験を共有することや、大学の学生募集広報内容をグループで検討することで大学への理解が深化していくのである。それにより、新たな大学の良さを知ることで、大学への評価がこれまでより上回ることになり、大学への満足度が向上し、愛校心や推奨意向の向上をもたらしたのである。

図6-2　愛校心や推奨意向を向上させるワークショップ
（筆者作成）

（2）　汎用的なワークショップの開発に向けて

　2年目のワークショップでは、教職員が自身の専門性に関わらずワークショップを実施できるよう汎用化についての検討を行った。そこで着目したのが以下の3点である。

　第1はワークショップの討議内容の評価である。どのようなテーマが話し合われることで大学への理解や評価の向上に寄与したのかを明らかにすることで、汎用的なプログラムとなる内容の検討を行う。そこでワークショップ終了後のアンケートに自由記述欄から、話し合われた内容を明らかにする。

　第2はワークショップの回数である。前年度は6週にわたり実施したが実

用化に向けてはできるだけ短期間でのプログラムの作成が必要となるであろう。そこで前年度の実施時間を確保しながら回数を2回に短縮して実施する。

第3はグループの構成である。複数学年・複数学部・さまざまな地域性など多様性を持つグループ構成により、新たな大学情報の交換が行われ大学理解がより深まることが考えられる。そこで、さまざまなグループ構成を行うことでグループ間の差異を考察する。

1） 2年目のワークショップの概要

検討する内容は前年度と同様に高知大学の学生募集広報内容についてである。前年度は6回×30分＝計180分において実施したが、2年目は前年度と同じ時間数を確保するが、回数を2回（90分×2週＝180分）に短縮して実施した。またグループ構成については、受講生132名を以下の4パターンのグループ（1グループあたり6名：計22グループ）に振り分けを行った。なお男女比についてはできる限り均等になるようを心掛けている。

① 1年生（同一学科）×2グループ

② 1年生（複数学部・学科）×7グループ

③ 複数学年（単一学部）×3グループ

④ 複数学年（複数学部・学科）×10グループ

2） 内容に関する考察

ワークショップにおいてどのような内容が話されているのかについてアンケートへの自由記述内容（120名）からKH Coderを用いて質的分析を試みる。アンケートは両年ともワークショップが終了後に施している。無記名でありまた回答の可否も自由である。ワークショップにより「大学理解」「愛校心」「推奨意向」が向上したかについて「5：とてもそう思う　4：そう思う　3：どちらともいえない　2：あまり思わない　1：まったく思わない」の5件法で問うものであり、併せてワークショップに対する自由記述欄を設けている。

図6-3はアンケートに記載された内容から出現頻度が5回以上の単語を共起ネットワーク分析図として示したものである。共起ネットワーク分析とは分析対象のテキスト内で用いられた単語間の関係性をそれぞれの単語の出現傾向からネットワークで図示化したものである。

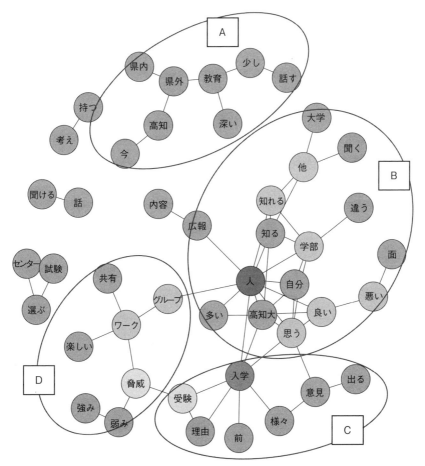

図6-3　ワークショップの内容に関する共起ネットワーク図

　共起ネットワークを描くことでワークショップの内容に関する感想は大きくAからDの4点に分類することができる。

　Aは「県内」「県外」「高知」「深い」などのワードからさまざまな出身地域の学生たちの経験の共有が行われていたことが示されている。関連したコメントとして例えば「出身地がバラバラだから入学する経緯がそれぞれに違って面白かった」「受験目的や県内・県外によっての捉え方が異なったため高知大に

ついてもっと知れたように思う」などの意見がみられた。

　Bは「高知大」「良い」「悪い」「知る」などのワードから高知大学に関するさまざまな情報交換が行われていたことが示されている。関連したコメントとして「自分が強みだと思っていたことが他の人は弱みと感じていたりと人によって様々だなと思った。異なる学科の人と話して自分の知らなかったことが知れた」「共通の話や学部特有の経験談などが聞けて面白かった」などの意見がみられた。

　Cは「入学」「受験」「理由」などのワードから高知大学を受験した理由等についての情報交換が行われたことが示されている。関連したコメントとして「やはり偏差値を理由として入学した人がほとんどであったため、その点は変えられないかなと思った」「高知大を選んだ理由に自分が受験生の時にはあまり考えなかったことを理由にしている人がいたので、そういったことが知れてよかった」などの意見がみられた。

　Dは「グループ」「共有」「楽しい」「強み」などのワードからワークショップを行ったことへの評価が示されている。関連したコメントとして「グループワークすることでさまざまな意見を共有できてよかった」「はじめて知るような高知大の良さがあった。自分では思いつかないような意見が沢山あった」「グループワークを通じて今まで見えてこなかった高知大の良さが見えてきた。そのおかげで僕自身も高知大にメリットを持てるようになった」などの意見がみられた。

　このように高知大に関する内容および、各自の受験の経験談が中心的に話されている状況が明らかになった。また、学年や学部の違いよりも地域性の相違についての話し合いが多く持たれている。そして、これらの話し合いを肯定的に受け止めている様子も観察された。

　3）　グループの親密度がワークショップの鍵

　前年度のワークショップの5回実施（1回あたり30分）に対し次年度は前年度は前年度と実施時間は同じであるが回数を短縮し1回あたり時間を長く取り、2回実施（1回あたり75分）とした。表6-4は2年間のワークショップにおける「大学理解」「愛校心」「推奨意向」について比較したものである。

表6-4　回数の比較

	初年度（6回実施） （n=71）		2年目（2回実施） （n=120）		t値
	平均	分散	平均	分散	
大学理解	3.89	0.48	4.11	0.54	2.13 *
愛校心	3.56	0.57	3.31	0.77	− 2.18 *
推奨意向	3.50	1.21	3.82	0.75	2.23 *

*p＜.05,　**p＜.01,　n.s. : not significant

　「大学理解」および「推奨意向」の平均値については、いずれも2年目が前年度を上回っており、t検定を行った結果、有意差が確認された。このように「大学理解」「推奨意向」については回数よりも1回あたりの時間を長く取ることで成果がより向上している。

　一方「愛校心」については反対に初年度が2年目の平均値を上回っておりt検定を行った結果、有意差が確認された。「愛校心」は回数を重ねることでより向上していることから、グループ内での関係性の深さが影響をもたらすことが考えられる。

　そこで、2年目のアンケートから1年生のみで構成するグループで単独学科グループ（同じ学科の学生のみで構成）と複数学科グループ（複数の学部や学科で構成）との比較を表6-5の通り行った。ワークショップの様子を観察してみると、単独学科で構成しているグループの多くが以前からの顔見知りですでに人間関係が構築されていた様子がうかがえたためである。その結果、いずれも単独学科の平均値が高く、またt検定を行った結果「愛校心」「推奨意向」において有意差が確認された。新たな知識を得ることによる「大学理解」についてはグループ間に差はないが「愛校心」および「推奨意向」についてはグループ間の人間関係が作用することが示される結果となった。

　続いて異学年でグループを構成することで、上級生の大学評価や大学に関する情報が1年生にどのような影響を与えるのかを考察するために、1年生のみで構成したグループと複数学年グループ（上級生との混成）の1年生を表6-6の通り比較した。その結果、3項目とも複数学年グループの方が平均値は高い

表6-5 学科の多様性比較 (1年生)

	単独学科 (n=11)		複数学科 (n=41)		t 値
	平均	分散	平均	分散	
大学理解	4.36	0.45	4.10	0.69	0.98 n.s.
愛校心	4.55	0.47	3.80	0.91	2.40 *
推奨意向	4.09	0.49	3.20	0.81	3.05 *

*p＜.05, ＊＊p＜.01, n.s.：not significant

表6-6 学年の多様性比較

	1年生のみ (n=52)		複数学年 (n=24)		t 値
	平均	分散	平均	分散	
大学理解	4.02	0.65	4.33	0.41	− 1.68 n.s.
愛校心	3.29	0.84	3.38	0.77	− 0.39 n.s.
推奨意向	3.89	0.81	4.00	0.78	− 0.52 n.s.

*p＜.05, ＊＊p＜.01, n.s.：not significant

ものの t 検定を行った結果いずれも非有意であった。これらから、愛校心や推奨意向の向上は、グループ間の人間関係の親密度がもたらしていると考えることができる。

（3） 在学生の大学満足度の向上

学生募集広報を検討するワークショップは、大学がこれまで気付かなかった受験生に効果的な広報内容の発見のみならず、ワークショップに参加した学生の大学への満足度を向上させ、愛校心や他者への推奨意向も向上させる。これらは、自大学の良さをグループ内で話し合うことにより、これまで知らなかった新たな大学の良さを発見したために起きたものである。「なぜ、この大学に進学したのか」「大学に入って感じた大学の良さ」などを皆で話し合うことが大学満足度を向上させるのである。

　また、このような話し合いは、ある程度関係性が構築されたメンバーで行う方が高い効果が得られる。多様性も重要な要素であるが、短期間の実施においては、それよりも顔見知り同士で行う方が、遠慮せずに意見交換が行えるのであろう。

　この事例では、マーケティング理論を用い、自大学の学生募集広報を考えることをテーマとしたワークショップを実施したが、「なぜ、この大学に進学したのか」「大学に入って感じた大学の良さ」などを話し合うことで、他の学生の視点から大学を知る経験が重要となっている。また、他にも○○大学検定の作成などさまざまなプログラムが多くの大学で施行されている。

　もちろん、大学満足度の向上は、肯定的なクチコミの発信のみならず、大学自体を活性化する原動力となる。愛校心の向上は、その大学に帰属する自分自身に自身を与え、研究活動やクラブ活動等、大学での学生生活により熱心に取り組むチカラとなるのである。

　現在、多くの大学で初年次ゼミや自校教育が実施されている。これらは、学生たちへの学内での"居場所づくり（仲間づくり）"や、大学の良さを知る活動という側面を持つものであり、これらの枠組みを使用することも1つの方法であろう。

注
1)　TrowM は高等教育の全体規模（当該年齢人口に占める大学在籍率）の変化から15%までをエリート型15%～50%をマス型50%以上をユニバーサル型の三つに分類し高等教育の機会が少数者の特権から相対的多数者の権利へさらに万人の義務に移行したとしている。
2)　青山学院大学ホームページより。
3)　文章を単語・文節レベルで分析する統計手法であり、規則性のある情報を取りだすことができる（樋口，2014）。※フリーソフト。

参 考 文 献

〈A〉

天野郁夫（1982）.『教育と選抜』第一法規, 212.

Anderson, R. E.（1973）."Consumer Dissatisfaction: The Effect of Disconfirmed Expectancy on Perceived Product Performance," Journal of Marketing Research, 10, 38-44.

青山学院大学『学生の意識調査からみる青山学院大学の学生像』〈https://www.aoyama.ac.jp/outline/effort/fd/undergraduate/survey_result.html〉（2020.6.1）.

Arker. D（1996）."BUILDING STRONG BRANDS" The Free Press（陶山計介・小林哲・梅本春夫・石垣智徳訳（1997）.『ブランド優位の戦略』ダイヤモンド社.

朝日新聞社出版（2015）.『大学ランキング 2016』朝日新聞社出版.

〈B〉

ベネッセ教育研究開発センター（2008）.「学生満足度と大学教育の問題点　2007 年度版」第 4 章, 103.

Between（2020）.『高校教員が勧める大学とは』2020 年 5-6 月号, 16.

Blackwell, Miniard & Engel（2006）."Consumer Behavior 10th Edition", *South Western*.

Brewer Ann, Jingsong Zhao（2010）."The impact of a pathway college on reputation and brand awareness for its affiliated university in Sydney", *International Journal of Educational Management*, 24-1, 34-47.

〈C〉

Carlzon, J.（1987）."Moment of Truth" Ballinger Publishing Company（堤猶二訳（1990）『真実の瞬間』, ダイヤモンド社）.

千葉勝吾・大多和直樹（2007）.「選択支援機関としての進路多様校における配分メカニズム — 首都圏大都市 A 商業高校の進路カルテ分析 —」教育社会学研究, 81, 67-87.

近田政博（2016）.「高学力層の大学新入生が抱える不本意感と違和感 — 神戸大学での調査結果から —」『学修支援と高等教育の質保証』学文社, 2 章, 11-46.

中央教育審議会（2008）.『初等中等教育分科会（第 59 回）学士課程教育の在り方に関する小委員会高等学校と大学との接続に関するワーキンググループ（WG）議論のまとめ』2008 年 2 月 19 日〈https://warp.ndl.go.jp/info:ndljp/pid/11293659/www.mext.go.jp/b_menu/shingi/chukyo/chukyo3/siryo/1265452.htm〉（2020.5.25）.

〈D〉

大学入試センター（2020）.『令和 2 年度大学入試センター試験の志願者数について』令和 2 年
　1 月 16 日,〈https://www.dnc.ac.jp/center/shiken_jouhou/r2.html〉（2020.6.8）.

〈F〉

Festinger, L.（1957）.“A Theory of Congnitve Dissonance”（末永俊郎訳（1965）.『認知的
　不協和の理論 — 社会心理学序説』誠信書房）.

渕上克義（1984）.「進学志望動機の意思決定過程に関する研究」『教育心理学研究』32-1, 59-
　63.

フロムページ（2019）.「高校生の進路段階に合わせた入試広報」『令和元年度全国大学入学者
　選抜研究連絡協議会大会』.

古市裕一（1993）.「大学生の大学進学動機と価値意識」『進路指導研究』14, 1-7.

〈G〉

Grönroos, C.（2007）. Service Management and Marketing: Managing the Moments of
　Truth in Service Competition 3ed, Lexington Books.（近藤宏一・蒲生智哉訳（2013）『北
　欧型サービス志向のマネジメント』, ミネルヴァ書房）.

Grönroos, C.（2008）.“In Search of a New Logic for Marketing: Foundations of Co-
　ntemporary Theory”,（蒲生智哉訳（2015）. サービス・ロジックによる現代マーケティン
　グ理論　白桃書房）.

〈H〉

Heskett J. L., Jones T. O, Loveman G. W., Sasser W. E. & Schlesinger L. A.（1994）.”
　Putting the service-profit chain to work.” Harvard Business Review, 72（2）, 164-175.

樋口耕一（2014）.『社会調査のための計量テキスト分析』, ナカニシヤ出版.

平山恵（2006）.「人の声を聴く：ウォンツ・エイブル分析の開発」『明治学院大学国際学部付
　属研究所研究所年報』9, 115-121.

広崎純子（2007）.「進路多様校における中国系ニューカマー生徒の進路意識と進路選択 — 支
　援活動の取り組みを通じての変容過程 —」『教育社会学研究』80, 227-245.

〈I〉

井原久光・東田晋三（2001）.「模擬試験市場における競争戦略一進研模試を事例にして —」『長
　野大学紀要』, 第 23 巻第 3 号, 45-60.

岩井勇児（1984）.「愛知教育大生の進路意識Ⅴ」『愛知教育大学研究報告（教育科学編）』33,
　77-94.

〈J〉

JS コーポレーション（2010）.『2010 Marketing Mail Review』 JS コーポレーション.

〈K〉

樫田豪利・宮本友弘・泉毅・庄司強（2020）.「高校訪問データベースの開発 — 高等学校訪問

の戦略的展開に向けて ―」『大学入試研究ジャーナル』30，174-178.

河合敦（2013）.「都立中高一貫校10校の真実」『幻冬舎新書』.

河合塾（2020）.『学習対策と模試活用』〈https://www.keinet.ne.jp/learning/trial/strategy/preparation.html〉（2020.6.5）.

喜村仁詞（2012）.「消費者意思決定行動を援用した高校生の大学選択モデルの構築」『千里山商学』，67，33-69.

喜村仁詞（2018）.「入学者アンケートを活用した学生募集広報の評価と改善：大学のブランド要素と情報伝達ルート」『大学入試研究ジャーナル』，28，133-139.

喜村仁詞・小暮克哉（2020）.「顧客満足理論に基づく在学生のクチコミ向上への取組み ― 学生募集広報ワークショップと自校教育 ―」『広報研究』，24，17-31.

喜村仁詞・大塚智子（2020）.「学生が創る学生募集広報 ― 理論検証型から理論生成型手法への転換 ―」『大学入試研究ジャーナル』，30，66-73.

桐山雅子（1997）.「学生相談室からみた現代の学生」東海高等教育研究所編『現代の学生』，19，43-44.

小林哲郎（2000）.「大学・学部への満足感　学歴・転学部・編入・再受験」小林哲郎　高石恭子　杉原保史（編）『大学生がカウンセリングを求めるとき』，ミネルヴァ書房，4，61-67.

児美川孝一郎（2007）.『権利としてのキャリア教育　若者の希望と社会』明石書店，90.

Kotler A. Philip and Karen F. Fox（1985）."Strategic Marketing for Educational Institutions" *Prentice-Hall*.

Kotler P. and Keller K. L.（2006）."Marketing Management" 12Th, Pearson Education（恩蔵直人監修（2009）.『コトラー&ケラーのマーケティング・マネジメント第12版』ピアソン）.

倉元直樹（2016）.「国立大学におけるアドミッションセンターの役割と組織」『大学入試研究ジャーナル』26，89-96.

楠見孝（2000）.「意思決定にともなう後悔と失望：大学選択における規定要因と時間的変化」『日本教育心理学会総会発表論文集』42，158.

楠見孝・栗山直子・齋藤貴浩・上市秀雄（2008）.「進路意思決定における認知・感情過程」『キャリア教育研究』26-1，3-17.

〈M〉

Maslow. A.（1954）."MOTIVAION AND PERSONARITY（Second Edition）"（小口忠彦訳（1987）『人間性の心理学』産能大学出版部）.

箕浦康子（2001）.「仮説生成法としての事例研究 ― フィールドワークを中心に ―」『日本家政学会誌』52（3），293-297.

宮田かな恵（2015）.「大学受験期における困難感の対処プロセスの検討及び不本意入学がその後の人生に与える影響」『早稲田大学人間科学学術院人間科学研究』28-1，90.

望月由紀（2007）．『進路形成に対する在り方生き方指導の功罪 — 高校進路指導の社会学 —』東信堂．

森朋子（2013）．「初年次セミナー導入時の授業デザイン」初年次教育学会編『初年次教育の現状と未来』世界思想社，11 章，165-166．

文部科学省（2014）．『高大接続特別部会における答申（案）取りまとめに向けた要点の整理（中央教育審議会高大接続特別部会（第 20 回）資料 1）』〈www.mext.go.jp/b_menu/shingi/chukyo/.../1357609.htm〉（2019.7.10）．

文部科学省（2017）．「高等教育に関する基礎データ（都道府県別）」〈https://www.mext.go.jp/b_menu/shingi/chukyo/chukyo4/042/siryo/__icsFiles/afieldfile/2017/08/01/1388715_05.pdf〉（2020.05.15）．

文部科学省（2019）．『平成 30 年度　国公私立大学入学者選抜実施状況』平成 31 年 3 月，〈http://www.mext.go.jp/b_menu/houdou/31/03/1414952.htm〉（2019.4.18）．

文部科学省（2020a）．「学校基本調査 — 令和元年度の概要 —」〈https:// www.mext.go.jp/b_menu/toukei/chousa01/kekka/k_detail/1419591_00001.htm〉（2020.06.01）．

文部科学省（2020b）．「専修学校等・各種学校一覧」〈https://www.mext.go.jp/a_menu/shougai/senshuu/1332563.htm〉（2020.08.01）．

文部科学省（2020c）．『大学入学者選抜関連基礎資料集　高等学校卒業者数・大学（学部）志願者数・大学（学部）入学定員の推移』2020 年 2 月 7 日〈https://www.mext.go.jp/content/20200207-mxt_daigakuc02-000004565_17.pdf〉（2020.5.25）．

武藤英幸・永野拓矢（2020）．「大学の入試広報における教職協働の実践 — 名古屋大学の取組と課題 —」『大学入試研究ジャーナル』30，166-173．

〈N〉

永野拓矢・橘春菜・寺嶌裕登・石井秀宗（2020）．「高校教員等を対象とした大学入試説明会に関する一考察」『令和 2 年度全国大学入学者選抜研究連絡協議会』11-18．

中澤渉（2015）．「入試と選抜」近藤博之　岩井八郎編『教育の社会学』放送大学教育振興会，10，165．

日本私立学校振興・共済事業団 私学経営情報センター（2018）．『平成 30（2018）年度私立大学・短期大学等入学志願動向』平成 30 年 8 月，〈https://www.shigaku.go.jp/files/shigandoukouH30.pdf〉（2019.9.5）．

日本経済新聞出版社（2015）．『日経グローカル』281 号〈http://www.nikkei.co.jp/rim/glweb/backno/no281.html〉（2017.3.8）．

丹羽健夫・服部 周憲（2005）．『親と子の大学受験ガイド』文藝春秋．

〈O〉

Oliver, R. L. (1980). "Cognitive Model of the Antecedents and Consequences of Satisfaction Decisions," *Journal of Marketing Research*, XVII, 460-469.

大谷尚（2017）.「高大を接続する ― 米国と日本の高大接続の現在と未来」『名古屋大学大学院教育発達科学研究科附属高大接続研究センター紀要』1, 3-11.

岡部悟志（2013）.『高校データブック 2013』Benesse 教育研究開発センター, 5章, 89（n = 2869）.

小野譲司・藤川佳則・阿久津聡・芳賀麻誉美（2013）.「共創指向性：事後創発される価値の原力」『マーケティングジャーナル』33（3）, 5-31.

〈P〉

Palihawadana D., George Holmes（1999）. "Modeling module evaluation in marketing education", *Quality Assurance in Education*, 7-1, 41-46.

Peter J., Olson. C.（2009）. "Consumer Behavior and Marketing Strategy" 9th, *Irwin Professional Pub.*

Petty Richard E, T. Cacioppo Jhon.（1981）. "Attitudes and Persuasion: Classic and Contemporary Approachers" *Westview Press*,

〈R〉

リクルート（2009）.『2008 年進路指導・キャリア教育に関する調査』リクルート.

リクルート（2011）.『進学センサス 2011』リクルート.

リクルートマーケティングパートナーズ（2017）.「第 8 回高校生と保護者の進路に関する意識調査 2017 年報告書」〈http://souken.shingakunet. com/research/2017_ hogosya2.pdf〉（2020.02.10）.

リクルートマーケティングパートナーズ（2019）.「進学センサス 2019　高校生の進路選択に関する調査」〈http://souken.shingakunet.com/research/2019sennsasu4.pdf〉（2020.04.07）.

〈S〉

齋藤孝（2020）.『アウトプットする力「話す」「書く」「発信する」が劇的に成長する 85 の方法』ダイヤモンド社.

齋藤貴浩・上市秀雄・栗山直子・楠見孝（2003）.「高校生の進路意思決定の継続調査 1」『日本教育心理学会総会発表論文集』45, 593.

先﨑卓歩（2010）.「高大接続政策の変遷」『年報公共政策学』, 北海道大学公共政策大学院, 4, 59-89.

嶋口充輝（1994）.『顧客満足型マーケティングの構図』, 有斐閣.

清水聡（1999）.『新しい消費者行動』, 千倉書房.

志村知美（2019）.『教育改革につなげる入試改革と高大接続 ～アサーティブプログラム・アサーティブ入試～』2019 年 9 月 19 日大学入学センター・シンポジウム事例報告資料,〈https://www.dnc.ac.jp/news/20190925-02.html〉（2020.6.1）.

Spreng, R. A., S. B. MacKenzie & R. W. Olshavsky（1996）. "A Reexamination of the Determinants of Consumer Satisfaction," *Journal of Marketing* , 60（3）, 15-32.

鈴木達哉（2011）.『地方発！ 進学校のキャリア教育 ― その必要性とノウハウ ―』学事出版.

陶山計介，妹尾俊之（2006）.『大阪のブランド・ルネッサンス』ミネルヴァ書房.

Swan, J. E. and L. J. Comb（1976）."Product Performance and Consumer Satisfaction: A New Concept," *Journal of Marketing*, 4（April）, 25-33.

〈T〉

竹内正興（2014）.「大学入試構造と不本意入学者のアイデンティティ ― AO 入試は不本意入学者を減少させる施策となりえるのか ―」『佛教大学大学院紀要教育学研究科篇』, 第 42 号, 35-51.

竹内正興（2019）.「配点の複数パターン化は志願動向に変化をもたらすか ― 高校の進路指導現場へのインタビュー調査より ―」『大学入試研究ジャーナル』30, 118-124.

竹内正興・定金浩一（2020）.「現代の大学不本意入学者 ― 入学と就学の観点からの検討 ―」『2019 年度甲南大学教職教育センター年報・研究報告書』, 甲南大学教職教育センター, 1-11.

竹内洋（1995）.『日本のメリトクラシー ― 構造と心性』東京大学出版会.

田中洋（2008）.『消費者行動論体系』中央経済社.

田中洋（2015）.『ブランド戦略全書』有斐閣.

寺﨑昌男（2006）.『大学は歴史の思想で変わる』東信堂.

寺﨑昌男（2010）.「自校教育の役割と大学の歴史 ― アーカイブスの使命にふれながら」『金沢大学資料館紀要』5, 3-11.

都立学校経営支援委員会（2008）.「進学指導重点校　進学指導特別推進校　取組状況報告」〈https://www.kyoiku.metro.tokyo.lg.jp/school/designated_and_promotional_school/reformation/priority_school/files/report2008/shingakushidou_joukyou.pdf〉（2020 年 5 月 16 日）.

豊嶋秋彦（1989）.「大学生の不本意感と適応過程」『東北学院大学研究所紀要』8, 57-78.

Trow, M（1976）.『高学歴社会の大学 ― エリートからマスへ』（天野郁夫・喜多村和之訳, 東京大学出版会）.

辻新六・有馬昌宏 （2004）.『アンケート調査の方法』朝倉書店.

〈U〉

上市秀雄・栗山直子・齋藤貴浩・楠見孝・山岸侯彦（2001）.「高校生の進路決定における意思決定（3）」『日本教育心理学会総会発表論文集』45, 595.

上市秀雄・栗山 直子・齋藤 貴浩・楠見 孝 （2003）.「高校生の進路意思決定の継続調査 2： 進路決定後の後悔および後悔対処に関する検討」『日本教育心理学会 45 回総会発表論文集』45, 594.

〈W〉

和田充夫（2002）.『ブランド価値共創』同文館出版.

渡辺良智（2006）.「学歴社会における学歴」『青山學院女子短期大學紀要』60, 94.

〈Y〉

八木晶子・齋藤貴治・牟田博光（2000）.「高校生の大学進学動機と進学情報の有用度との関連に関する分析」『進路指導研究』, 20（1）, 1-8.

山田剛史（2012）.「大学志望度と進学満足度」『第 2 回 大学生の学習・生活実態調査報告書 第 2 章第 1 節 2012 年第』ベネッセ教育総合研究所〈https://berd.benesse.jp/koutou/research/detail1.php?id=3159〉（2020.5.25）.

山本昭二（1999）.『サービス・クオリティ』, 千倉書房.

横澤公道・辺成祐・向井悠一朗（2013）.「ケース・スタディ方法論：どのアプローチを選ぶか — 経営学輪講 Glaser and Strauss（1967）, Yin（1984）, Eisenhardt（1989a）の比較分析 —」『赤門マネジメント・レビュー』, 12（1）, 41-68.

善積康子（2009）.『Ｖワークショップ 谷 富夫・芦田徹郎（編）よくわかる質的社会調査技法編』60-73, ミネルヴァ書房.

〈Z〉

全国予備学校協議会〈http://zenyobi.com/〉（2020.08.01）.

あ と が き

　高校教員等を対象とした高校訪問や入試説明会、生徒や保護者が対象の出前講義、進学相談会など、学生募集についてどこに重きを置くかは自大学のポジションによって異なりますが（特色や難易度ほか、外部からのさまざまな評価から）、同時に担当者の個人スキルも差が大きいため、「何を実施するか、そして誰がいつからやるのか」などの実務面については実行前に十分に計画しておきたいことです。同時に本書でも各章で触れていますが、募集活動（入試広報）に向けた高校や大学入試に関する需要の調査も必要です。

　本書を執筆した5名は、いずれもアドミッション組織に属するあるいは属した研究者であり、おのおのの前職は高校教員や受験産業の社員、さらに私立大学の事務職員と、職場や職種は異なるものの高大接続に関する現場経験を多く有する識者です。が、いずれも大学教員としてのスタート段階で少なからず衝撃を受けたことは「学内における学生募集への見解の相違」でした。それらのギャップを埋めるべく、時間を掛けて教職員に説明を重ね、学内の理解者を増やして、それこそ何年もかけながら整地し、周囲の理解者を増やすと同時に入試広報をはじめ高大接続全般に関する成果と課題について学会等で発表するなど、「学生募集・入試広報（高大接続）」を研究分野として推進してきました。いわば「学生募集活動の草分け的存在」と言えそうです。2020年度現在、このようなアドミッション組織で活動する研究者は国立大学を中心に100人以上いるといわれます。また、それ以上に国公私立大を問わず入試課などの事務職員がしっかりサポートを行い、時には主体的に活動して自大学の学生募集活動を支えています。

　本書を参考に学生募集をこれから実践しようとする方は、上述の通り前任者が道をならしたこともあり、幸いにも大学界全体で「学生募集の活動に対する偏見」は和らぎつつあります。ましてや少子化が一層深刻になる中で入試広報に力を注ぎたい大学は、主要業務のひとつに挙げられることでしょう。

　ただし、受け手の高校から予期せぬ辛口評価（いわゆる「塩対応」）を受ける可能性があります。少子化による売り手市場の昨今、「大学が本校に来てくれた」だけでは何もありがたられません。「貴学の特徴を一言で表すと何？」「本校の生徒にとって、貴学に入学したら教育・学生生活両面でどのようなメリットが受けられるのか？」「この学部の入試科目で何を測りたいのか？」などの「聞きたいこと」に対して簡潔に示すことができなければ満足されません。つまり、以前よりも期待とともに厳しい視線が向けられているのです。

　「高校の先生の視線は鋭い」「高校からの要求は高い」と困惑する大学担当者の声も時折耳にしますが、実は高校教員の立場でも同じだったりします。生徒募集活動と称して中学校や進学塾への訪問を行う高校の先生も相当数いるからです（主に教頭や主幹教諭）。勤務校のPRを行ったり、さらに高校説明会を開催して中学生や保護者にアピールしたりと、本業と合わせて奮闘しています。やはり、大学と同様に「生徒募集」の面で苦労されているようで、自身のご経験も踏まえて、「我々教員が生徒に下ろしやすいように分かりやすく簡潔な説明をしてほしい」と思っておられるかもしれません。

　本書では、学生募集についてマーケティングから、あるいは高校の指導現場からと、入試広報に実践的に活用できるようにとさまざまな角度から論じました。さらに高校と大学をつなぐ受験産業の役割についても触れており、それらの事情や役割を把握した上で行動することによって、より効率的に入試広報全般の成果を高めることが可能です。まさに高大接続の実践的なバイブルと言えそうです。

　入試広報を否定する学内の教職員と対峙した際は、次のように答えるのはいかがでしょうか。「本学の学生は一体どこから入学してきたのでしょうか。天から降ってきた、それとも地から沸いてきたのでしょうか…どちらも違いますね。大方は高校からです。学生募集活動はそこに本学の有益な情報を集中して投入する効果的な方策なのです」と。

　本書が貴学の学生募集活動の一助のひとつとなることを心から願っています。

編著者　永野　拓矢

執筆者紹介

喜村　仁詞　（きむら　ひとし）（編著）

　岡山県立大学　保健福祉学部現代福祉学科准教授・博士（商学）

　私立短大・私立女子大職員（入試・広報業務等）から岩手大学入試センター准教授に転出。
その後、高知大学アドミションセンター准教授を経て現職。

　担当章：第1章　第3章　第5章1　第6章2

永野　拓矢　（ながの　たくや）（編著）

　名古屋大学　教育基盤連携本部アドミッション部門准教授・修士（教育学）

　予備校職員（高校や塾等の法人向け営業、および受験指導）から岩手大学・大学教育総合セ
ンター入試部門助教授に転出。その後、高知大学アドミッションセンター准教授を経て現職。

　担当章：第2章1　第4章1-1、2　第5章2

門馬　甲児　（もんま　こうじ）

　山形大学　大学エンロールメントマネジメント部教授・修士（大学アドミニストレーション）

　北海道で公立高校教員（政治・経済、現代社会）として進路指導に携わる（進路指導部長）。
その後山形大学に転出し、現在に至る。

　担当章：第2章3　第4章1-3

岡本　崇宅　（おかもと　たかや）

　香川大学　人文社会科学系准教授　アドミッションセンター副センター長　四国地区国立大学
連合アドミッションセンターオフィサー・修士（大学アドミニストレーション）

　予備校職員（受験指導、入試分析）から教育系広告代理店（入試分析等）を経て、私立短大
職員・私立大学職員。その後、岩手大学大学教育総合センター入試部門准教授を経て現職。

　担当章：第2章3　第4章2

竹内　正興　（たけうち　まさおき）

　香川大学　人文社会科学系教授　アドミッションセンター・センター長・博士（教育学）

　教育出版社（大学入試分析、高校生向けの教材開発、高校生や大学生の教育調査）から鹿児
島大学総合教育機構アドミッションセンター准教授に転出。その後、広島大学高大接続・入
学センター准教授を経て現職。

　担当章：第2章2　第6章1

学生募集広報の戦略と実践

― 高校・予備校とのコミュニケーション ―

2021 年 9 月 24 日　初　版第 1 刷発行

■編　著　者───喜村仁詞、永野拓矢
■発　行　者───佐藤　守
■発　行　所───株式会社　大学教育出版
　　　　　　　　　〒 700-0953　岡山市南区西市 855-4
　　　　　　　　　電話（086）244-1268　FAX（086）246-0294
■印刷製本───モリモト印刷㈱

ISBN978−4−86692−148−8